PRÉCIEUSE COLLECTION

DE FEU

M. ALLÈGRE

CATALOGUE

DES

TABATIÈRES -- MINIATURES

BIJOUX — ORFÉVRERIE

ÉMAUX—MATIÈRES PRÉCIEUSES

SCULPTURES — OBJETS DE LA RENAISSANCE

PORCELAINES DE SÈVRES

DE SAXE ET DE CHINE

BRONZES, MEUBLES, TAPISSERIES

Dépendant de la succession

DE FEU M. ALLÈGRE

ET DONT LA VENTE AURA LIEU

HOTEL DROUOT, SALLE N° 8,

Les Lundi 13, Mardi 14, Mercredi 15, Jeudi 16, Vendredi 17 et Samedi 18 Mai 1872.

A DEUX HEURES PRÉCISES.

Par le ministère de Me CHARLES PILLET, commissaire-priseur, rue de la Grange-Batelière, 10.

Assisté de M. CHARLES MANNHEIM, expert, rue Saint-Georges, 7.

Chez lesquels se trouve le présent Catalogue

EXPOSITIONS { *PARTICULIÈRE :* le Samedi 11 Mai 1872, *PUBLIQUE :* le Dimanche 12 Mai 1872,

De une heure à cinq heures.

CONDITIONS DE LA VENTE.

Elle sera faite au comptant.

Les adjudicataires payeront *cinq pour cent* en sus des enchères.

L'exposition mettant le public à même de se rendre compte de l'état des objets, il ne sera admis aucune réclamation une fois l'adjudication prononcée.

Le Catalogue se trouve :

A Paris, chez MM.	Charles Pillet, commissaire-priseur, 10, rue Grange-Batelière.
—	Charles Mannheim, expert, 7, rue Saint-Georges.
A Londres,	Davis, 51, Pall Mall.
—	Durlacher, 9, King street, Saint-James.
A Bruxelles,	Etienne Leroy, expert, 12, place du Grand-Sablon.
A La Haye,	Swaab.
A Amsterdam,	Boasberg.
A Rotterdam,	Lamme, conservateur du Musée.
A Vienne,	Kaeser.
A Saint-Pétersbourg,	Negri, perspective Newski.

Paris. — imp. de Pillet fils aîné rue des Grands-Augustins. 5.

ORDRE DES VACATIONS :

(N. B. L'ordre numérique ne sera pas suivi.)

Le Lundi 13 Mai 1872

Bijoux	99 — 163
Matières précieuses	164 — 193

Le Mardi 14 Mai 1872

Orfèvrerie	194 — 253
Sculptures	307 — 326
Divers	334 — 352

Le Mercredi 15 Mai 1872

Tabatières	1 — 75

Le Jeudi 16 Mai 1872

Tabatières	76 — 98
Miniatures	254 — 295
Émaux	296 — 306

Le Vendredi 17 Mai 1872

Porcelaines de Sèvres	353 — 472

Le Samedi 18 Mai 1872

Laques	327 — 333
Porcelaines de Saxe	473 — 497
— diverses	498 — 501
Faïences	502 — 504
Porcelaines de Chine	505 — 527
Bronzes	528 — 540
Meubles	541 — 559
Tapisseries	560 — 564
Tableaux et dessins	565 — 573

DÉSIGNATION DES OBJETS

TABATIÈRES ET BONBONNIÈRES

1 — Magnifique Camée antique sur onyx oriental à trois couches. Buste de l'empereur Auguste, profil à droite.

Cette superbe pierre, de forme ovale, mesure 77 millimètres de hauteur sur 68 millim. de largeur. Elle occupe le dessus d'une boîte ovale en or, s'ouvrant dans le sens de la longueur ; le pourtour de cette boîte est orné de pilastres ciselés sur fond d'or jaune mat. Le fond guilloché à fleurons est entouré d'une bande à petits ornements brunis sur fond d'or mat.

Collection Demidoff.

2 — Belle Boite ovale en or ciselé, à larges feuilles pilastres et rinceaux, enrichie de six belles miniatures sur vélin, par Van Blarenberghe, représentant des scènes d'intérieur et des sujets champêtres. Le médaillon du couvercle, signé *V. Blarenberghe*, 1767, représente la Visite à la nourrice, et se compose de

neuf figures. Les autres miniatures, comme celle qui précède, sont finement exécutées et composées avec beaucoup de goût.

Collection Daugny.

3 — Belle Boite ovale en or de couleur ciselé, à fleurs et ornements rocaille et enrichie de médaillons émaillés en plein et finement peints par *Bourgoin*. Le médaillon du couvercle représente Vénus, Vulcain et des Amours; celui du fond, Flore et Zéphyr dans un paysage, et ceux du pourtour, des jeux d'Amours et des paysages. Beau travail du temps de Louis XV.

4 — Magnifique Boite de forme oblongue à angles coupés, en or guilloché et émaillé gros bleu, avec cordons et pilastres ciselés en relief à fleurs, feuillages et ornements variés émaillés vert émeraude et rouge rubis. Cette boîte est enrichie de six beaux camées ovales sur calcédoine blanche signés Glachant le jeune et datés 1776 et 1778; ils représentent des Offrandes à l'Amour et chacun des sujets se compose de deux et trois figures. Les angles coupés sont ornés de figures d'enfants en or ciselé et rapporté, représentant les Saisons. On lit sur la gorge de la boîte : *Dupetit Dunkerque.*

Collection Potocka.

5 — Belle Boite ronde et haute en or ciselé à entrelacs de lauriers, et parties émaillées gros bleu translucide sur fond gravé à festons de lauriers. Cette boîte est enrichie au pourtour de quatre jolis médaillons émaillés en plein représentant des figures champêtres et des

attributs de musique et de la comédie. Le dessus et le dessous sont décorés de médaillons ronds montés à enfantement, finement peints sur émail représentant : l'un, deux muses chantant, et l'autre, deux enfants musiciens. Beau travail du temps de Louis XVI.

Collection Daugny.

6 — Grande et belle Boite ovale en or ciselé du temps de Louis XVI, fond émaillé vert olive, avec entourage d'entrelacs vert émeraude et perles blanches ; le dessus est enrichi du chiffre de Marie-Antoinette, avec guirlandes de fleurs formées de petites roses de Hollande.

Cette belle Boîte a été donnée par la reine Marie-Antoinette aux demoiselles de Fontenelle.

On lit sur la gorge de la boîte le nom de Denangis.

Collection Daugny.

7 — Grande et très-belle Boite, de forme ovale, en or et mosaïque de Neubert de Dresde, représentant des guirlandes de fruits et feuillages exécutés en lapis-lazuli, cornaline et jaspe. Le couvercle est orné d'un très-bel émail attribué à Petitot, représentant le portrait d'Henriette d'Angleterre.

Collection Lablache.

8 — Boite de forme rectangulaire, en or gravé, fond émaillé vert et à médaillons très-fins, champlevés et émaillés gros bleu translucide, représentant des sujets champêtres. Beau travail du temps de Louis XV.

Collection Lablache.

9 — Très-jolie Boite ovale du temps de Louis XVI, en lapis-lazuli, doublée et montée à cage en or finement ciselé. Les panneaux du pourtour et le couvercle sont entourés et divisés par des colonnettes en roses de Hollande. On lit sur la gorge : *Roucel, orf. du Roy, à Paris.*

Collection Lablache.

10 — Belle Boite carrée en cristal de roche, gravé en relief en guise de camées, et représentant des sujets de chasse. Monture à cage en or ; le bec et les angles sont enrichis de diamants. Beau travail du temps de Louis XV.

Collection Véron.

11 — Belle Boite carrée en or champlevé et émaillé bleu translucide à sujets de paysages et vues de parcs sur fond gravé à quadrilles. Époque Louis XV.

Collection Vernet.

12 — Grande et belle Boite ronde en or émaillé à rubans alternés gros bleu, orange et filets blancs ; cordons à feuillages ciselés en relief et émaillés vert, rouge et opalin ; au centre du fond et du couvercle, médaillons émaillés en plein représentant des figures de nymphes et d'Amours en grisaille sur fond rose.

Collection Collot.

13 — Jolie Boite carrée en or gravé, décorée de sujets champêtres à figures et animaux ciselés en relief et

émaillés en plein sur fond mat. Beau travail du temps de Louis XV.

14 — Petite Boite ovale en or guilloché à rosaces et cordons gravés sur fond émaillé vert et bleu. Époque Louis XVI.

15 — Jolie Boite carrée montée à cage en or ciselé à fleurs et ornements et doublée en or. Elle est ornée de six jolis petits panneaux en laque du Japon à fond noir décorés de paysages et de volatiles en or en relief de la plus grande finesse d'exécution. Époque Louis XV.

16 — Grande et belle Boite ovale en mosaïque de Neubert de Dresde sur or. Elle offre dans toutes ses parties des sujets champêtres avec figures et animaux exécutés en jaspes et agates de diverses nuances. La gorge est décorée de rubans et de fleurs. Cette boîte porte le nom de Taddel a Dresde, anno 1769.

17 — Très-grande et belle Tabatière ovale, en vernis de Martin, fond rouge transparent, et médaillons peints : sujets champêtres d'après Boucher, encadrés d'ornements d'or; à l'intérieur du couvercle, très-beau médaillon sur fond d'or : groupe de deux figures. Monture à gorge en or gravé.

Collection de M. le baron de Saint-Pierre.

18 — Grande Boite ronde en vernis de Martin, rayée rouge sur fond vert, avec médaillon peint représentant Jupiter et Junon encadré d'ornements dorés.

19 — Jolie Boite, forme nacelle, en or finement ciselé à figures et ornements rocaille. Le dessus représente le Triomphe de Neptune et des enfants tritons décorent le pourtour. Époque Louis XIV.

20 — Boite de forme contournée en or ciselé à ornements rocaille et sujets de personnages; sur le couvercle, l'Enlèvement d'Hélène. Époque Louis XV.

21 — Belle Boite carrée en or de couleur, à fruits, fleurs et insectes finement ciselés en relief sur fond mat. Époque Louis XV.

Collection Rhoné.

22 — Belle Boite carrée en or à sujets champêtres ciselés en relief sur fond à mille raies. Elle est signée : *George, à Paris*. Époque Louis XV.

23 — Boite carrée en or ciselé à trophées de musique et attributs champêtres, sur fond rayé et gravé, et encadrés d'ornements en relief. Époque Louis XV. Cette boîte a appartenu à la Tour-d'Auvergne, premier grenadier de France, et à Lamenais.

24 — Jolie Boite ovale en or de couleur ciselé à médaillons sujets de chasse et attributs de musique et cham-

pêtres. Pilastres à cariatides et festons de lauriers encadrant les médaillons. Beau travail du temps de Louis XVI.

25 — Très-belle Boite ovale en or émaillé bleu à l'imitation de lapis, avec cordons, festons de lauriers et cariatides en or de couleur ciselé. Cette boîte est enrichie de six jolies peintures sur émail montées à enfantement, représentant une offrande à l'Amour, un sujet champêtre et des attributs. Le dessus est enrichi de branches de fleurs et d'un double rang en brillants. Le cercle entourant l'émail est surmonté d'un nœud de rubans également en diamants. Précieux travail du temps de Louis XVI.

Collection Vernet.

26 — Charmante petite Boite ovale en or, enrichie de quantité de petites plaques en ancienne porcelaine de Saxe, décorées de figures dans le style de Watteau et de vues de parcs, placées au milieu de treillis d'or finement ciselé et découpé à jour. Travail très-fin du temps de Louis XV.

27 — Belle Boite ovale en or émaillé, décorée d'arbustes et d'oiseaux en grisaille sur fond opalin; cordons et pilastres composés de lauriers ciselés en relief et émaillés verts et rouge rubis. Le dessus de la boîte est enrichi d'une très-belle peinture sur émail d'après Vernet, représentant des pêcheurs dans un paysage traversé par un cours d'eau. Époque Louis XVI.

28 — Tabatière ovale en or guilloché, décorée d'arbustes en grisaille sur fond rose orangé ; cordons et pilastres en or ciselé en relief avec filets d'émail blanc. Sur le dessus, peinture sur émail de forme ovale en hauteur représentant le Sacrifice d'Iphigénie. Époque Louis XVI.

29 — Tabatière ovale en or guilloché et émaillé brun-rouge, cordons ciselés en relief à feuillages émaillés, et pilastres décorés de bustes peints sur émail. Le couvercle est enrichi d'une peinture sur émail de forme ovale, représentant Vénus et l'Amour dans un paysage. Époque Louis XVI.

30 — Jolie petite Boite ovale en or guilloché émaillé gris-perle, enrichie de cordons finement ciselés en relief, à branches de vigne émaillées en couleurs et pilastres cannelés. Le couvercle offre à son centre un médaillon ovale finement peint sur émail et représentant Vénus et l'Amour. Époque Louis XVI.

Collection Véron.

31 — Autre petite Boite ovale en or émaillé gros bleu et étoilé d'or, cordons et pilastres à feuillages ciselés en relief émaillés vert et demi-perles incrustées. Sur le couvercle, peinture sur émail à deux figures, entourée de demi-perles. Époque Louis XVI.

32 — Petite Boite ovale du temps de Louis XVI, en or guilloché, émaillé rouge orangé filigrané d'émail blanc

et cordons à pois d'émail rouge sur fond blanc. Le dessus est orné d'une peinture sur émail représentant une offrande à l'Amour. Époque Louis XVI.

33 — Boite ronde en écaille, doublée en or et ouvrant à charnière. Elle est ornée d'un superbe portrait de Garrick peint sur émail par Touron, de forme ovale et monté dans un cadre en or gravé. La boîte a été exécutée par Vachette.

Collection Lablache.

34 — Jolie Boite, de forme oblongue à angles coupés, en ancien laque du Japon à décor d'or en relief, représentant des paysages. Monture à cage et pilastres en or finement ciselé, enrichie de festons de feuillages et d'entrelacs émaillés vert avec points saillants émaillés blanc. Époque Louis XVI.

35 — Jolie petite Boite de forme oblongue, à angles coupés en agate orientale rougeâtre, montée à cage en or finement ciselé à chaînette et pilastres. Époque Louis XVI.

36 — Boite carrée en jaspe sanguin, montée en or repoussé à ornements rocaille. Le couvercle est enrichi de branches de fleurs exécutées en diamants, rubis et émeraudes. Époque Louis XV.

37 — Tabatière carrée montée à cage et doublée en or. Elle est ornée de plaques de nacre de perles incrustées

de burgau, de corail et de coquilles sertis en or, et représentant des branches de fruits et de fleurs. Beau travail de NEUBERT de DRESDE sous Louis XV.

Collection Jaquinot-Godard.

38 — BELLE BOITE OVALE en cristal de roche, taillé à cuvette, montée à gorge à charnière en or gravé. Le couvercle est orné d'une jolie miniature sur ivoire montée dans un cadre à réverbère en or gravé.

39 — PETITE BOITE OBLONGUE à contour profilé, en agate orientale sardonisée, montée en or et enrichie d'ornements rocaille et de fleurs en or repoussé. Époque Louis XV.

40 — TABATIÈRE EN JASPE HÉLIOTROPE et sanguin, taillée à cuvette et de forme contournée, montée à gorge à charnière en or de couleur ciselé, à fleurs et ornements. Époque Louis XV.

41 — BOITE RONDE en jaspe sanguin, montée à gorge à charnière en or; le couvercle est enrichi d'ornements rocaille et de fleurs en or repoussé. Époque Louis XV.

Collection Debruge.

42 — BOITE OVALE en calcédoine blanche taillée à l'imitation d'un panier, montée à gorge à charnière en or gravé, et garnie de deux petites anses également en or. Époque Louis XV.

43 — Boite ovale en cristal de roche, taillé à cuvette et montée en or à filets d'émail rose.

44 — Bonbonnière ronde en cristal de roche, avec monture Louis XVI en or ciselé.

45 — Boite ovale en cristal de roche, taillé à cuvette. Monture à gorge à charnière en argent doré, à ornements émaillés bleu et blanc.

46 — Boite de forme contournée en jaspe rouge; le pourtour est en or ciselé.

47 — Boite oblongue à angles rentrants en émail de Saxe, décorée de sujets mythologiques finement peints en couleurs. Le dessus représente la Mort d'Adonis et à l'intérieur du couvercle, une nymphe endormie est surprise par un satyre et défendue par un Amour. — Monture à gorge à charnière en argent gravé et doré.

48 — Boite a cuvette rectangulaire, à pans coupés, en jaspe héliotrope, montée en or finement ciselé. Elle est signée : *Vachette, à Paris.*
Collection Daugny.

49 — Boite ovale en sardoine orientale, montée à cage en or ciselé. Le couvercle est orné d'un médaillon ovale, peint en grisaille sur sardoine par *J. J. de Gault* (signé), représentant un sujet de style antique.
Collection Daugny.

50 — Tabatière en écaille noire, de forme oblongue à angles arrondis, doublée en or. Sur le couvercle, peinture par Gérard Van Spaendonck, représentant une guirlande de fleurs sur fond de lapis-lazuli de Perse.

51 — Boite ronde en écaille blonde, ornée d'une miniature gouachée par C. Van Spaendonck, et représentant un vase de fleurs.
Collection Lablache.

52 — Belle Boite ovale en or émaillé gris perle, avec cordons décorés de feuillages appliqués en or sur fond vert; médaillon ovale sur le couvercle représentant un sujet tiré de l'Histoire romaine. Époque Louis XVI.

53 — Petite Boite ovale en or guilloché émaillé gris violacé, avec cordons et pilastres décorés d'ornements émaillés bleu et points d'émail blanc. Sur le dessus de la boîte, médaillon ovale peint sur émail, représentant l'Amour enchaîné par deux nymphes. Époque Louis XVI.

54 — Boite ovale en écaille, ornée d'un joli médaillon peint sur émail, par Petitot; portrait du roi Louis XIV, monté dans un cadre à réverbère en or avec filets d'émail bleu au bord.

55 — Boite ronde en écaille noire, ornée d'une belle miniature ovale sur ivoire, par Hall (signée), représen-

tant le portrait de Rochefort, acteur et chanteur, dans le rôle de Colin, du *Devin du Village*, cadre en or, gravé à chaînette.

56 — Boite ronde émaillée gros bleu et montée en or avec demi-perles incrustées. Le couvercle est orné d'une miniature sur ivoire, par Mademoiselle Charrin, portrait de Madame de Sévigné, dans un encadrement en or ciselé à chaînette, et rehaussé de points d'émail vert. La boîte date du temps de Louis XVI.

57 — Boite ronde en écaille noire doublée d'or; sur le couvercle, portrait de l'impératrice Joséphine, peint en miniature, par Saint (signé), et monté dans un cadre en or.

58 — Grande Boite ronde en écaille blonde, posée d'or et galonnée en or. Le dessus est orné d'une belle miniature sur ivoire, représentant le portrait de Madame Récamier, vue à mi-corps, par Augustin, 1801. Cette boîte fut donnée à Brillat-Savarin par Madame Récamier.

59 — Bonbonnière ronde en or émaillé gros bleu à cordons à points d'émail imitant l'opale et ornements émaillés en couleurs. Le dessus et le fond de la boîte sont ornés de miniatures en ivoire, par Both et Baudouin, représentant des fêtes villageoises dans le style des maîtres flamands. Époque Louis XVI.

Collection Daugny.

60 — Grande Boite ovale en poudre d'écaille rouge, avec galons en or ciselé et découpé à jour, ornée d'un médaillon ovale peint sur émail et attribué à Petitot; portrait de femme de la cour de Louis XIV.
Collection Hope.

61 — Boite ronde en écaille noire, ornée d'une miniature sur ivoire, par Hall (signée); portrait de femme; cadre en or gravé.

62 — Bonbonnière ronde en vernis de Martin à bandes jaunes, bleues et blanches alternées, et galonnée d'or. Le dessus est orné d'une miniature sur vélin, portrait de femme vêtue de bleu et coiffée d'un béret. Époque Louis XV.

63 — Boite carrée formée de six jolies plaques en mosaïque de nacre et de burgau sculptés en relief à sujets de personnages, animaux, monuments et vases de fleurs de style chinois rapportés sur un fond d'émail gros bleu. Elle est doublée et montée à cage en vermeil. Travail de Neubert de Dresde.

64 — Jolie Boite de forme contournée, en cristal de roche taillée à cuvette et montée à gorge à charnière en or. Époque Louis XV.

65 — Petite Boite de même forme en lapis-lazuli, taillée à cuvette et montée à charnière en argent doré.

66 — TABATIÈRE RONDE en labrador, à compartiments sertis en or, et montée à gorge et galons en or. Travail italien.

Collection Jacquinot-Godard.

67 — PETITE BOITE de forme contournée en jaspe sanguin taillé à cuvette et montée à gorge à charnière en or.

68 — PETITE BOITE de même forme en or gravé à fleurs et ornements rocaille; le dessus est orné d'une plaque ronde en lapis-lazuli. A l'intérieur, une grille découpée forme cassolette. Époque Louis XV.

69 — BOITE DE FORME OVALE et profonde en agate orientale, montée à gorge à charnière en or.

70 — BOITE en or émaillé en forme de papillon. Le pourtour et le fond guillochés sont émaillés gros bleu. Travail de Genève.

71 — BOITE RONDE en mosaïque de Florence à dessin rayonnant, exécuté en jaspes de diverses nuances sur fond de lapis. Le dessus et le fond sont enrichis d'une plaque carrée en cornaline; elle est doublée et galonnée en or.

72 — BONBONNIÈRE RONDE, doublée et montée à cage en or ciselé. Elle est ornée de six miniatures en grisaille dans la manière de De Gault, représentant des sujets de personnages et des offrandes à l'Amour. Époque Louis XVI.

73 — BOITE OVALE en or guilloché émaillé gros bleu et cordons émaillés en couleur et or. Époque Louis XVI.

74 — BOITE de forme contournée en poudingue, taillée à cuvette et à pans; monture à gorge à charnière en argent doré.

75 — BOITE RONDE en bois pétrifié montée à gorge en or. Le couvercle est orné d'un double rang de fleurs en relief exécutées en jaspes de diverses nuances et d'un camée ovale sur agate à deux couches, représentant Amphitrite montée sur deux chevaux marins.

76 — PETITE BOITE ronde en ancienne porcelaine de Saxe, décorée de jeux d'Amours et montée à gorge à charnière en or finement ciselé. Un buste de femme décore l'intérieur du couvercle.

77 — PETITE BOITE de forme contournée en pierre de lard finement sculptée. Le dessus représente un enfant jouant avec un crabe. Cette boîte est doublée et montée à gorge à charnière en or.

78 — BOITE OBLONGUE à angles arrondis, en or guilloché émaillé gros bleu et ornements, colonnettes et vases ciselés en relief. Sur le couvercle, peinture sur émail représentant un groupe de deux figures. Travail de Genève, du temps de Louis XVI.

79 — Boite ronde en or guilloché à mille raies, et cordons émaillés bleu avec ornements en couleurs. Sur le couvercle, buste de Phocion, peint en camaïeu sur émail. Époque de Louis XVI.

80 — Bonbonnière ronde en aventurine de Venise, montée en or, avec torsades en relief et perles fines. Époque Louis XVI.

81 — Bonbonnière ronde en vernis de Martin, rayé or et vert, ornée d'une miniature gouachée sur vélin, représentant divers attributs de musique et champêtres. Époque Louis XV.

82 — Bonbonnière ronde en écaille posée d'or ; le dessus est orné d'une miniature ronde sur ivoire : marine d'après Vernet.

83 — Bonbonnière ronde en vernis de Martin jaunâtre, galonnée d'or et enrichie de deux miniatures sur ivoire : portraits de Buffon et de son fils.

84 — Boite de forme oblongue, en jaspe sanguin taillé à cuvette et à angles coupés. Le dessus est incrusté d'une petite mosaïque de Florence représentant une coupe sur un fond d'aventurine de Venise ; monture à gorge à charnière en or.

85 — Boite a deux tabacs, en forme de nacelle en écaille incrustée de nacre de perle et d'or, représentant des figures et des ornements. Époque Louis XIV.

86 — Boite ronde en écaille guillochée à vannerie, galonnée d'or, et enrichie de deux jolies miniatures rondes et gouachées sur vélin, représentant des sujets champêtres. Époque Louis XV.

87 — Grande Boite ronde en écaille doublée en or. Le dessus est orné d'un fixé, marine d'après J. Vernet, et le fond, d'une peinture représentant l'entrée d'un port de mer.

88 — Boite oblongue en or de couleurs ciselé, à sujets et attributs de chasse. Époque Louis XV.

89 — Petite Boite oblongue en or de couleurs, finement ciselé, à paysages, animaux et attributs champêtres. Époque Louis XV.

90 — Boite ovale en or ciselé, à cannelures et ornements, enrichie de médaillons, attributs de musique et de jardinage en or de couleurs. Époque Louis XVI.

91 — Boite ovale en or guilloché, à cordons et pilastres ciselés à ornements et feuillages. Elle est enrichie de médaillons ovales décorés de trophées, d'attributs champêtres en or de couleur ciselé en relief. Époque Louis XVI.

92 — Petite Boite ovale en or ciselé, à cannelures et grecques avec médaillons, attributs de jardinage et fleurs. Époque Louis XVI.

93 — BOITE DE MÊME FORME en or gravé, à fleurs et ornements. Même époque.

94 — BOITE OVALE en or ciselé à figures, sujets champêtres et paysages. Dans un double fond, se trouve une peinture sur émail représentant un repas champêtre. Époque Louis XV.

95 — BONBONNIÈRE RONDE en or ciselé à rosaces et cordons à perles. Époque Louis XVI.

96 — JOLIE BOITE OBLONGUE à angles arrondis en or ciselé, à ornements et fleurs en relief sur fond mat.

97 — PETITE BOITE OVALE en argent ciselé à rayons, avec fleurs et bandes d'ornements en relief rapportés en or. Époque Louis XV. Travail de Pomponne.

Collection Collot.

98 — BOITE OVALE en or guilloché au pourtour. Le dessus et le fond sont formés de plaques en écaille noire piquée d'or.

BIJOUX

99 — Deux Plaques d'or émaillé des deux côtés. Ces plaques, de forme oblongue, arrondies par en haut, sont réunies par une nervure ; cette jonction est moderne et il y a lieu de penser qu'elles formaient les volets d'un petit triptyque.

D'un côté, Charlemagne et saint Louis, de l'autre côté, Pierre II de Bourbon, sire de Beaujeu et Jeanne de France, sa femme, fille de Louis XI. Le prince et la princesse sont à genoux sur un prie-Dieu, ayant debout derrière eux leurs saints patrons, saint Pierre et sainte Anne.

Cet émail est exécuté d'après les procédés indiqués par Benvenuto Cellini, dans son *Traité d'orfévrerie*, chapitre VI.

Ces objets précieux et remarquables sont de travail français et datent du XVe siècle. Ils proviennent des collections Debruge et Soret, et sont cités par M. de Laborde, dans sa *Notice sur les émaux du Louvre*, page 115.

Voir pour plus de détails : *Description de la collection Debruge Duménil. Paris*, 1847, pages 156 et 583.

100 — Belle Montre octogone en cristal de roche, montée en or émaillé de bleu clair ; les cristaux sont gravés

à figures et arabesques délicatement exécutés ; le cadran est en or émaillé de diverses couleurs.

Cette belle et rare montre est un ouvrage français du règne de Charles IX. Elle provient de la collection Soltykoff.

101 — Collier du seizième siècle, composé de chatons en or émaillé ; il est enrichi de pierreries et il est garni de pendeloques en perles. Une petite croix d'or émaillé est appendue au chaton central.

102 — Petit Médaillon ovale en or émaillé et cristal de roche, renfermant deux sujets en or émaillé très-finement exécutés, entourés d'inscriptions : la Crucifixion et la Résurrection. Travail du xvie siècle.

103 — Médaillon en or émaillé. Saint Michel, debout, terrassant le démon. Ce sujet est entouré du cordon de l'ordre de Saint-Michel ; au bas sont appendues des perles fines.

Collections Debruge et Daugny.

104 — Bijou Pendentif, composé d'un perroquet perché sur une branche de fleurs, en or émaillé de couleurs variées et enrichi de pierres diverses. Époque Louis XIII.

Collection Jacquinot-Godard.

105 — Croix en or émaillé, entourée d'ornements découpés à jour, et décorée des attributs de la Passion sur fond blanc. Elle offre sur une de ses faces des cristaux

taillés à l'imitation du diamant et ouvrant à charnière, elle est disposée à l'intérieur pour recevoir des reliques. Époque Louis XIII.

106 — SAINTE FACE en or émaillé appliquée sur un fond de filigrane d'or. Bijou pendentif de la fin du XVIe siècle.

107 — CUILLER ET COUTEAU en vermeil, à manches en or émaillé, décorés de figures de sybilles, de groupes d'enfants, de têtes de chérubins et d'ornements finement peints en couleurs. Époque Louis XIII.
Collection Rattier.

108 — MOSAÏQUE ROMAINE de la plus grande finesse, par V. VERDEJO, représentant le pape Pie VI. Pièce d'une rare beauté d'exécution. — Cadre en bronze doré.
Collection Daugny.

Diamètre, 75 millim.

109 — BAGUE EN OR ÉMAILLÉ avec chaton forme losange, orné d'une émeraude. Époque Louis XIII.

110 — TRÈS-BEAU COUVERT à dessert, composé d'une cuiller, d'une fourchette et d'un couteau en or à manches en jaspe sanguin, couverts de beaux ornements, finement gravés et découpés à jour. Ce couvert, du plus précieux travail, a appartenu au Cardinal Mazarin.

111 — MÉDAILLON EN CRISTAL DE ROCHE, monté en or émaillé. Il renferme un Calvaire dont les figures sont

exécutées en ivoire sculpté, et au revers une miniature sur vélin, représentant le portement de Croix. XVIe siècle.

112 — Deux très-beaux Vases ou brûle-parfums en or massif, couverts de fleurs et d'ornements finement ciselés en relief et enrichis de perles fines et autres pierres précieuses, ainsi que de plumes de martin-pêcheur couvrant le fond et imitant la turquoise. Les deux anses sont formées de dragons chimériques et la coupe est supportée par trois têtes d'éléphant dont les trompes tiennent lieu de pieds. La partie supérieure de la coupe est ornée d'une grecque, et porte une inscription chinoise en relief. Travail chinois des plus précieux et des plus rares.

Ces pièces exceptionnelles proviennent du Palais d'Été.

Haut., 13 cent.

113 — Très-bel Étui du temps de Louis XV, en or émaillé en plein à sujets, scènes d'intérieur dans le style de Greuze et fond rehaussé d'émail vert.

114 — Belle Chatelaine avec montre, en or finement ciselé, ornée de plaques de nacre sur lesquelles sont appliqués des fleurs, des oiseaux et des ornements en or émaillé, et enrichie de diamants et rubis. La montre à répétition a une double boîte en or finement repoussé à figures et ornements avec applique de même travail que la châtelaine. Le cadran en or est enrichi d'un rang de diamants et rubis. Travail anglais du temps de Louis XIV.

115 — Montre Louis XV à répétition en or repoussé et ciselé à ornements rocaille et enrichie d'un bouquet de fleurs exécutées en diamants, émeraudes et rubis. Le poussoir et la bélière sont également ornés de pierres fines.

116 — Montre Louis XVI en or ciselé avec cuvette émaillée bleu enrichie d'une rosace en roses.

117 — Chatelaine en or ciselé et émaillé, enrichie de roses et de rubis ainsi que de médaillons peints sur émail représentant des bustes de femmes et des figures d'enfants. Époque Louis XV.

118 — Grande Montre de Bréguet et fils en or guilloché, disposée au pourtour pour servir à un aveugle.

119 — Étui Louis XV en jaspe sanguin, monté en or gravé et enrichi de fleurs rapportées en or ciselé, diamants et rubis.

120 — Étui Louis XVI en or ciselé à festons de lauriers et médaillons de fleurs décorées en couleurs sur fond d'émail gros bleu.

121 — Deux jolis Couteaux à dessert à manches en or émaillé gros bleu, rehaussés d'ornements très-fins rapportés en or et couleurs. L'un d'eux a une lame d'acier et l'autre une lame d'or. Époque Louis XVI.

122 — Jolie Pomme de canne en or émaillé gros bleu et filets blancs, avec entre-deux ciselés à feuilles de laurier émaillées vert. Époque Louis XVI.

123 — Très-jolie Navette du temps de Louis XVI en acier finement ciselé et repercé à jour. Son décor se compose de branches de lauriers enlacées et d'ornements dont partie se détache sur un fond damasquiné en or. Elle porte sur chacune de ses faces les lettres L enlacées du roi Louis XVI.

124 — Bague marquise du temps de Louis XVI en or ciselé et émaillé, renfermant une montre, à spirale visible. Mouvement de *Bonna frères*.

125 — Navette en or de couleurs, ciselé à fleurs et quadrilles repercés à jour. Époque Louis XV.

126 — Cassolette indienne, forme poire aplatie, en or gravé et découpé à jour, enrichie de diamants et de rubis et garnie de pendeloques en perles fines.

Collection Jacquinot-Godard.

127 — Très-petit Coffret oblong à couvercle bombé en filigrane d'or de Gênes.

128 — Médaillon ovale pour portraits en or, décoré d'entrelacs gravés réservés sur fond d'émail gros bleu.

129 — Étui en agate orientale monté en or gravé et garni de roses. Il forme cachet et ce dernier porte un chiffre

enlacé , un cœur ainsi que la devise : *Prenez garde de le perdre*. Époque Louis XV.

130 — Étui Louis XVI en or ciselé à bouquets de rose.

131 — Étui Louis XVI à pans, en or guilloché et cordons ciselés.

132 — Très-petit Étui de même forme en or à ornements émaillés bleu.

133 — Étui en écaille blonde posée d'étoiles et de pois d'or.

134 — Couvert composé d'une cuiller, d'une fourchette et d'un couteau à manches en écaille blonde incrustée d'or avec monture en argent ciselé et doré à ornements rocaille. Époque Louis XV.

135 — Couvert composé de même en écaille blonde piquée et posée d'or. Ornements et monture en vermeil. Même époque.

136 — Beau Couteau pliant à manche de nacre, décoré de trophées d'armes exécutés en nacre et coquilles sculptés en relief et portant sur chacun de ses côtés un écusson armorié en or ciselé. La monture en or gravé. Epoque Louis XV.

137 — Petit Couteau pliant à manche de nacre incrusté de rosaces d'or et à lame en argent doré. Même époque.

138 — Deux jolis Couteaux du temps de Louis XIII à manches en argent enrichis d'ornements émaillés et douilles en fer incrusté d'argent à fleurs et mascarons ciselés en relief. Gaîne en peau de requin.

139 — Deux très-petits Couteaux à manches en argent, décorés d'ornements en relief et portant les armes de la famille Colonna. xvie siècle.

140 — Deux Couteaux a dessert à manches en nacre montés en or ciselé à festons de fleurs. L'un d'eux a une lame d'or et l'autre une lame d'acier. Époque Louis XVI.

141 — Deux autres Couteaux à dessert à manches de nacre et or. L'un deux a une lame d'acier et l'autre une lame en vermeil.

142 — Couvert composé d'une cuiller, d'une fourchette et d'un couteau à manches en cristal de roche et monture en argent doré avec parties émaillées noir et blanc.

143 — Buste en or, repoussé et finement ciselé, de la reine Marie-Antoinette, appliqué sur un fond de velours noir et monté dans un médaillon fermant en or.

144 — Lorgnette décorée au pourtour d'une peinture sur émail représentant une fête champêtre dans le style de Téniers. Monture en or gravé.

145 — Pomme de canne en porcelaine de Sèvres, pâte tendre, fond gros bleu à œils de perdrix d'or et festons de fleurs peintes.

146 — Cassolette de forme sphérique en or repoussé à ornements et fleurs.

147 — Souvenir d'amitié, porte-tablettes en ivoire garni d'ornements en or repoussé et orné d'une miniature sur ivoire : Jeune fille tressant une couronne de fleurs. Époque Louis XVI.

148 — Nécessaire en ivoire, monté en or et acier et enrichi d'une miniature et d'une devise : *Offert par l'amitié*. Époque Louis XVI.

149 — Porte-flacons forme boîte en laque rouge monté en or gravé. Il renferme deux petits flacons de cristal montés en or. Époque Louis XVI.

150 — Étui Porte-flacons en vernis de Martin, décoré de fleurs sur fond vert. Un des deux flacons manque. Époque Louis XV.

151 — Flacon en jaspe sanguin taillé à pans, avec bouchon en or. Époque Louis XV.

152 — Flacon en agate monté en or repoussé à ornements rocaille et bouchon formé d'un levrier assis. Cette

pièce est accompagnée d'une petite cuiller en or, ce qui permet de la transformer en tabatière. Époque Louis XV.

153 — CACHET en jaspe sanguin taillé à pans. Il porte à sa partie supérieure la lettre M couronnée en or émaillé.

154 — BIJOU formé d'un dauphin, en agate orientale rouge, suspendu à une chaînette d'argent doré.

155 — BOITE A MOUCHES en poudre d'écaille violette incrustée d'or et d'argent. Époque Louis XV.

156 — FLACON forme vase aplati, finement gravé et doré avec parties émaillées à froid. Travail allemand du temps de Louis XV.

157 — FLACON forme cœur en argent repoussé et doré surmonté de deux colombes et d'une couronne et supporté par deux petits lions debout. Mêmes travail et époque.

158 — FLACON forme balustre aplati en argent ciselé à figures et ornements. Époque Louis XIII.

159 — MÉDAILLON OVALE en argent repoussé, doré en partie : buste d'homme, profil à droite. Cadre en bronze doré.

160 — PLATEAU ROND à contours en filigrane d'argent enrichi de parties émaillées bleu. Travail oriental.

161 — Coffret de forme contournée, en écaille piquée d'or et enrichi d'incrustations d'or et de nacre de perles à figures de style oriental. Il ouvre à charnière et renferme un petit plateau.

162 — Presse-papier formé d'une figure de satyre debout jouant de la flûte, exécuté en perles fines baroques et argent ciselé et doré. Socle en lapis, branche de corail et accessoires en argent gravé et doré.

Collection Jacquinot-Godard.

163 — Petit Support ovale en cuivre ciselé et doré à têtes de béliers, festons de lauriers et enrichi d'intailles sur sardoine. Socle en brocatelle d'Espagne.

MATIÈRES PRÉCIEUSES

164 — Cristal de roche. — Très-belle coupe ronde parfaitement évidée d'épaisseur. Son bord, gravé en creux, est orné de trois mascarons et d'arabesques de la plus grande élégance et du travail le plus fini.

La coupe est godronnée et le piédouche évidé est pris dans la masse. Travail exquis et de la meilleure époque, du XVIe siècle.

Collections Louis et Édouard Fould.

Haut., 8 cent.; diam., 11 cent.

165 — CRISTAL DE ROCHE. — Plateau octogone composé de neuf plaques de cristal de roche, gravées à oiseaux et ornements. Monture en cuivre doré à moulures et consoles.

Larg., 29 cent.

166 — CRISTAL DE ROCHE. — Vidrecome taillé à côtes, à couvercle et anse, montés en or.

Haut., 12 cent.

167 — CRISTAL DE ROCHE. — Grand et beau gobelet taillé à pans et évidé d'épaisseur.

Haut., 14 cent.

168 — CRISTAL DE ROCHE. — Gobelet analogue à celui qui précède.

Haut., 105 millim.

169 — CRISTAL DE ROCHE. — Autre gobelet analogue. Celui-ci est orné de lambrequins réservés en relief.

Haut., 9 cent.

170 — CRISTAL DE ROCHE. — Écritoire formée d'une coupe ronde et de deux godets à pans montés en cuivre doré et sur plateau en marqueterie de bois à quadrilles, avec moulure et pieds de bronze doré.

171 — CRISTAL DE ROCHE. — Vidrecome taillé à pans et à couvercle; monture en argent doré avec anse à figure de femme.

Haut., 15 cent.

172 — Cristal de roche. — Petite coupe ovale taillée à canaux creux, sur pied à balustre et montée à anses en vermeil.

Larg., 13 cent.

173 — Cristal de roche. — Petite coupe ronde taillée à pans sur pied ovale et montée en argent doré.

Haut., 95 millim.

174 — Cristal de roche. — Petite coupe ovale à pans sur pied à balustre cannelé.

175 — Cristal de roche. — Boîte double sans couvercle taillée à côtes.

176 — Cristal de roche. — Petit gobelet à bord évasé et taillé à pans.

177 — Cristal de roche. — Flacon carré en trois parties, avec bouchon en vermeil.

178 — Cristal de roche. — Navette montée en or gravé et grenats. Époque Louis XVI.

179 — Cristal de roche. — Joli flacon de forme aplatie et monté en or ciselé. Époque Louis XVI.

180 — Cristal de roche. — Petit flacon de poche avec bouchon en or émaillé bleu foncé.

181 — Cristal de roche. — Petit vase à couvercle taillé à pans et un petit plateau rond. Ces deux pièces sont montées en vermeil.

Collection Lablache.

182 — Cristal de roche. — Gobelet taillé à pans et monté en vermeil.

Collections Debruge et Lablache.

183 — Cristal de roche. — Beau flacon taillé à pans d'une matière très-limpide et d'un beau fini; le bouchon a la forme d'une fleur de lis.

Collection Daugny.

Haut., 14 cent.

184 — Cristal de roche. — Deux petits flambeaux montés en cuivre.

185 — Grenat syrien. — Petite coupe ovale, montée en or émaillé, sur socle en cornaline.

186 — Sardonyx orientale. — Cuiller forme coquille, à long manche en agate orientale. Monture en argent doré.

187 — Lapis-lazuli. — Figurine de divinité égyptienne assise, montée en vermeil et formant cachet.

188 — Jade vert clair. — Très-petite coupe ovale à lobes et à une anse feuillagée prise dans la masse. Travail chinois.

189 — Agate orientale blonde. — Coupe forme fleur, entourée de branchages et à une anse formée d'un dragon, le tout pris dans la masse. Travail chinois.

190 — Agate rougeatre veinée. — Coupe ovale supportée par une figurine d'homme debout en argent doré. xviie siècle.

Larg., 13 cent.

191 — Lapis-lazuli. — Coupe ronde et plate sur pied à balustre en cristal de roche monté, en argent doré et enrichi de lapis et turquoises.

Haut., 13 cent.

192 — Lapis-lazuli. — Deux petits plateaux ronds montés sur quatre pieds à consoles, en bronze doré. Époque Louis XVI.

193 — Jade gris. — Théière carrée gravée à figures. Le couvercle est formé d'une plaque de jade blanc, gravé et découpé à jour et montée en argent doré.

ORFÉVRERIE

194 — Beau Drageoir formé d'une autruche debout tenant un fer de cheval dans son bec et reposant sur un socle rond portant sept écussons armoriés entourés des noms suivants : Anthoni Buchin ; Lutenampt Waltert Stricker ; Houpman Hans ; Casper Von Boldingen ; Alexander Besler ; Houptman, Wilhelm Troger Ritter ; Jost Schmid ; Waltert Arnoldi.

Beau travail allemand du XVIe siècle.

Haut., 42 cent.

195 — Beau Vidrecome en forme de vase à couvercle, en argent doré repoussé à bossages, enrichi d'une frise finement gravée à ornements et d'une galerie composée de fleurons découpés à jour. Le couvercle est surmonté d'un vase de fleurs.

Travail allemand du XVIe siècle.

Haut., 36 cent.

196 — Vidrecome de forme cylindrique en argent gravé, à une anse, décoré de figures et d'ornements. Le couvercle est orné d'une médaille de Charles XI, roi de Suède. XVIIe siècle.

Haut., 17 cent.

197 — Belle Lampe de suspension, forme vase, en argent repoussé à festons de fruits et ornements, et enrichie de trois têtes de chérubins formant attaches. Époque Louis XIII.

198 — Très-Beau Bénitier en argent repoussé et finement ciselé à ornements rocaille, fleurs, têtes de chérubins et médaillon représentant le Baptême de saint Jean. Précieux travail des premières années du règne de Louis XV, attribué à Germain. Dans un étui en maroquin rouge doré au fer, portant les armes de France et des fleurs de lis.

199 — Belle Reliure de livre en argent repoussé et ciselé à ornements rocaille, pièces d'eau et cascades, fleurs, figures d'amours et attributs divers. Le dos porte divers médaillons ovales renfermant des figures d'amours, des colombes, une lyre, etc., ainsi que la lettre S couronnée, chiffre de Mlle Sallé, de l'Opéra, à laquelle cet objet a appartenu. Les plats de cette reliure sont enrichis de deux miniatures sur ivoire représentant : l'une, un portrait de femme; l'autre, un groupe de deux enfants dans un jardin.

Travail très-fin attribué à *Harillier*, habile dessinateur du xviiie siècle.

200 — Deux belles Plaques en argent repoussé, provenant d'une reliure de livre. Elles sont décorées de figures allégoriques d'oiseaux et d'ornements dans le style de Berain. Époque Louis XIV.

201 — RELIURE DE LIVRE en argent repoussé. Elle offre sur un de ses plats le Christ en croix, et sur l'autre le sujet de la Résurrection. Le dos offre des figures d'anges, des têtes de chérubins et des festons de fleurs et de lauriers. Cette reliure couvre un livre d'heures allemand imprimé à Leipzig en 1722.

202 — MIROIR OVALE à biseaux, dont le cadre, en argent, se compose d'ornements à rinceaux, de fleurs et de mascarons finement exécutés et repercés à jour. Il porte au revers l'inscription suivante : FLORENTIÆ A° CC.M.CC.LI. BERNARDO CEMINI.

Travail très-fin. Dans un étui en maroquin vert doré au fer, fleurdelisé et portant les armes de France.

203 — PETITE COUPE RONDE en argent repoussé à sujet de Bacchanale, enfants jouant avec un bouc. Sur pied à balustre et consoles en argent repoussé doré en partie, signée : SCHROPP.

204 — SAINT-CIBOIRE avec couvercle surmonté d'une croix en argent doré, gravé à ornements, enrichi de têtes de chérubins en relief et pied repercé à jour. Époque Louis XIII.

205 — GOBELET de forme surbaissée, en argent doré repoussé, à godrons et à frises d'ornements et figures finement gravées. Travail allemand du XVIe siècle.

206 — Petit Vidrecome en argent doré repoussé à bosselages, supporté par une figurine d'homme tenant une musette. Sur le couvercle, une petite figure assise. xviie siècle.

Collection Daugny.

Haut., 28 cent.

207 — Petite Coupe ronde en argent repoussé et doré, à figures d'amours musiciens dans un paysage, et à trois petites anses à consoles. Le pied est formé d'une figurine d'enfant nu debout. xviie siècle.

208 — Cuiller en argent niellé de Toula. Travail très-ancien.

209 — Cygne en argent massif, le cou garni d'un rang de perles en relief.

Haut., 20 cent.

210 — Belle Soupière ovale à deux anses et à quatre pieds, en argent finement ciselé à rinceaux, canaux creux, godrons, rosaces et tores de lauriers. Le bouton du couvercle est formé d'une graine prenant naissance au milieu d'un riche motif d'ornement feuillagé. Beau travail du temps de Louis XVI.

211 — Autre Belle Soupière en argent, de forme ovale, à deux anses et à quatre pieds à consoles, ornée de canaux creux et de médaillons entourés de branches de laurier et de chêne. Le couvercle est surmonté d'un

groupe de légumes et de feuilles, et le bouton est formé d'un artichaut. Elle est accompagnée de son plat à contours orné de canaux creux. Époque Louis XVI.

212 — Beau Vase à couvercle et à deux anses, en argent repoussé et ciselé à fleurs, rinceaux et ornements rocaille. Époque Louis XV.

213 — Beau Sucrier à saupoudrer, forme vase, en argent finement gravé, à ornements dans le style de Berain et enrichi de cariatides et ornements ciselés en relief. Époque Louis XIV.

214 — Écuelle avec Plateau et couvercle en argent gravé à entrelacs, fleurs et oiseaux. Les deux anses plates sont ornées de doubles bustes en regard, et le bouton du couvercle présente une médaille d'Anne d'Autriche. Époque Louis XIV.

215 — Autre Écuelle avec couvercle et plateau en argent repoussé à écailles, et enrichie de mascarons et d'ornements rocaille. Les anses plates sont ornées de doubles dauphins, et le bouton du couvercle est formé par une écrevisse. Style Louis XIV.

216 — Écuelle a couvercle, mais sans plateau, en argent repoussé à mascarons, guirlandes de fleurs et ornements rocaille. Le bouton du couvercle est orné d'un buste de femme en relief. Style Louis XV.

217 — Belle Écuelle avec couvercle et plateau et à anses plates, en argent repoussé et ciselé à branches de fleurs et ornements rocaille. Le bouton du couvercle est formé d'une pomme de pin. Époque Louis XV.

218 — Joli Bougeoir du temps de Louis XIV, en argent gravé et ciselé. Le manche, orné de rinceaux en relief, se termine par une tête de femme.

219 — Pot a eau avec cuvette, de style Louis XV, en argent repoussé et ciselé à fleurs, roseaux et ornements rocaille. Le couvercle est surmonté d'un cygne en ronde bosse.

220 — Pot a eau avec cuvette en argent repoussé et ciselé, décoré de festons de lauriers et ornements rocaille en relief. La cuvette est enrichie de coquilles et de branches de laurier gravées. Époque Louis XV.

221 — Pot a eau avec cuvette en vermeil, décoré d'ornements rocaille en relief et de cannelures. Époque Louis XV.

222 — Joli Sucrier du temps de Louis XVI, de forme ovale, en argent ciselé à mufles de lion, festons de lauriers et ornements. Ses quatre pieds reposent sur un large plateau ovale à deux anses, décoré de canaux creux et d'ornements en relief.

223 — Deux jolis Flambeaux du temps de Louis XV, en argent finement ciselé à ornements rocaille et oves.

224 — Deux Flambeaux du temps de Louis XVI, en argent, à tiges et pieds cannelés enrichis de festons de lauriers et d'ornements finement ciselés en relief.

225 — Deux Flambeaux de style Louis XIII, en argent, à tiges carrées, cannelées, et pieds de même forme, décorés de dauphins couronnés et de fleurs de lis ciselés en relief.

226 — Deux petits Flambeaux du temps de Louis XVI, en argent, formés de colonnes cannelées et enrichis de têtes de boucs en relief reliées par des festons de lauriers.

227 — Deux Flambeaux à tiges godronnées, en argent repoussé, et pieds octogones ornés d'un tore de laurier. Époque Louis XVI.

228 — Deux Flambeaux du temps de Louis XV, en argent repoussé et ciselé, à ornements rocaille et branches de roses.

229 — Cafetière en argent, reposant sur trois pieds ornés de têtes fantastiques ; goulot formé d'une tête de lion, attache surmontée d'un aigle et couvercle orné d'un groupe composé d'un enfant nu et d'un serpent. Manche en corne.

230 — Cafetière en argent repoussé, à côtes et reposant sur trois pieds. Poignée en bois noir. Époque Louis XV.

231 — JOLIE PETITE CAFETIÈRE en argent, décorée d'ornements et de fleurs finement ciselés en relief et reposant sur trois pieds. Manche en bois. Époque Louis XV.

232 — CAFETIÈRE de forme surbaissée, en argent repoussé, à côtes en spirales. Époque Louis XV.

233 — CAFETIÈRE analogue à celle qui précède, mais plus petite.

234 — GOBELET du temps de Louis XIV, en argent ciselé et gravé. Il est décoré de ceps de vigne et de roseaux en relief.

235 — SUCRIER en forme de boîte ovale, en argent repoussé, à côtes et ornements rocaille gravés et ciselés. Travail allemand du temps de Louis XV.

236 — TASSE ET SOUCOUPE en vermeil, portant les armes et le chiffre de Napoléon Ier et la date de 1808.

237 — DEUX BURETTES et plateau oblong, en argent ciselé et doré, à canaux creux, roseaux et grappes de raisin. Époque Louis XV.

238 — PETITE TASSE à vin, en argent repoussé et doré, à oiseaux et fleurs. Anse plate à mascaron et tête de guerrier, placée à l'extrémité opposée. Travail allemand du XVIIe siècle.

239 — Écuelle avec plateau et couvercle en vermeil, décorée de frises, d'ornements à rinceaux et cygnes gravés. Le couvercle est surmonté d'un petit groupe en argent doré, enfant tenant une gerbe de blé. Travail du temps de l'Empire.

240 — Cafetière et Sucrière forme vase, en argent. Époque Louis XIV.

241 — Deux petites Jardinières rondes, à deux anses, en argent repoussé, à têtes de chérubins et fleurs. Intérieurs en verre bleu. Époque Louis XIII.

242 — Petit Vase ovale, à deux anses, en argent repoussé, à fleurs et rinceaux, et enrichi de bustes et d'ornements gravés. Même époque.

243 — Deux jolis petits Poêlons en vermeil, à couvercles cannelés, surmontés de graines. Époque Louis XVI.

244 — Porte-huilier en argent repoussé, à ornements rocaille et branches de vigne. Les burettes sont en cristal taillé. Époque Louis XV.

245 — Tasse a vin de forme ovale, à lobes, en argent repoussé et doré, à fleurs, fruits et ornements. Travail allemand du XVIIIe siècle.

246 — Petite Coupe ovale, à contours, en argent gravé et doré, enrichie de médaillons, bustes de personnages en relief. Travail allemand du temps de Louis XIV.

247 — Écuelle avec couvercle en argent repoussé et doré, décorée de fleurs et de rinceaux. Les anses plates sont formées de branches de fleurs, et le couvercle est surmonté d'une boule unie. Travail allemand du temps de Louis XV.

248 — Petit Réchaud carré en argent gravé, à rinceaux repercés à jour, et pieds à consoles ornés de mascarons. Allemagne, xviiie siècle.

249 — Coffret carré en filigrane d'argent, orné de colonnettes torses en argent doré et enrichi de pierreries.

Collections Debruge et Jacquinot-Godard.

250 — Corbeille ovale, à couvercle, en filigrane d'argent, garnie de deux anses.

251 — Petit Panier à anse et à couvercle en filigrane d'argent, avec parties émaillées. Travail chinois.

252 — Porte-curedents formé d'un paon debout, en argent sur pied à jour.

253 — Tasse et Soucoupe en vermeil à ornements gravés. Travail du temps de l'Empire.

MINIATURES

254 — Très-belle Miniature ovale sur vélin, par Van Blarenberghe, portant la signature du célèbre artiste, ainsi que la date 1763. Elle représente la Foire de Saint-Germain, sujet composé d'une multitude de figures, remarquables par la vérité et la variété de leurs physionomies.

Ce précieux spécimen, véritable chef-d'œuvre de l'artiste, provient de la collection Sampayo.

255 — Deux jolies petites Miniatures carrées sur vélin, par Van Blarenberghe. La Visite à la ferme et le Jeu du volant. Cadres en or.

Collection Du Failly.

256 — Magnifique Miniature ovale sur ivoire, par Hall, représentant les portraits de sa femme, de sa sœur et de son enfant.

Cette dernière miniature est considérée comme étant le chef-d'œuvre de Hall. Elle provient de la vente de Saint et de la collection Daugny.

Diam., 11 cent. sur 9 cent.

257 — Jolie Miniature ovale sur ivoire, signée Hall, Suédois. Portrait du comte d'Artois, dans un cadre ovale en bronze doré.

258 — Miniature ovale sur ivoire, par Hall. Portrait de Mademoiselle Ledoux.

259 — Miniature ovale sur ivoire, attribuée à Hall. — Portrait de femme en costume Louis XV. Cadre en bronze ciselé et doré, surmonté d'un groupe de deux colombes.

260 — Jolie Miniature rectangulaire et en hauteur sur ivoire, par Fragonard. — Portrait de jeune fille vue de face, cadre en bronze.
Collection Carrier.

261 — Jolie Miniature ovale sur ivoire, par Fragonard. — Portrait de jeune garçon en costume de Pierrot; cadre en bronze doré.

262 — Miniature ovale sur ivoire, attribuée à Fragonard. — Portrait de jeune fille vue de face, et portant un ruban rose dans les cheveux.

263 — Jolie Miniature ovale sur ivoire, par Hall. — Portrait du comte d'Artois, dans un médaillon en or ciselé, entouré de perles fines.

264 — Miniature ronde sur ivoire, par Hall. — Portrait de Mademoiselle Dugazon; cadre en cuivre gravé et doré.

265 — JOLIE MINIATURE ronde sur ivoire, signée HALL. — Portrait de femme portant un rang de perles dans les cheveux.

266 — MINIATURE ronde sur ivoire, par HALL. — Portrait de Sophie Arnould ; dans un médaillon en or.

267 — MINIATURE OVALE sur ivoire, par HALL. — Portrait de Bailly, maire de Paris ; cadre en bronze doré.

268 — TRÈS-BELLE MINIATURE ovale sur ivoire, par DUMONT. — Portrait de Mademoiselle Alexandrine, peintre romaine, signée *Dumont, à Rome ;* cadre en or.

269 — JOLIE MINIATURE ronde sur ivoire, par DUMONT. — Portrait du Dauphin, Louis XVII, dans un cadre en bronze doré fleurdelisé.

270 — MINIATURE OVALE sur ivoire, par SICARDI. — Portrait de jeune femme représentée en bacchante. Dans un cadre en or gravé et cailloux du Rhin sertis en argent.

271 — JOLIE MINIATURE OVALE sur ivoire, par SICARDI. — Portrait de femme, vue de face, vêtue d'un corsage violet et d'un fichu blanc.
Collection Daugny.

272 — JOLIE MINIATURE rectangulaire sur vélin, par VESTIER. — Portrait de la baronne de Mouchy en costume de bal ; cadre en bronze ciselé et doré au mat.

273 — MINIATURE RONDE sur ivoire. — Portrait de femme vue à mi-corps, le sein découvert et portant une rose dans les cheveux. Époque Louis XVI.

274 — MINIATURE OVALE sur ivoire, par COSWAY. — Portrait de femme portant des cheveux bouclés et vêtue de blanc.

275 — MINIATURE ovale sur ivoire, attribuée à SICARDI. — Portrait d'homme en habit violet du temps de Louis XVI; cadre en bronze doré.

276 — MINIATURE RONDE sur ivoire, par Augustin, 1794. — Portrait de Mlle Du Thé vue à mi-corps, vêtue de blanc, le sein découvert; cadre en bronze ciselé et doré.

277 — TRÈS-BELLE MINIATURE ovale sur ivoire, par AUGUSTIN, 1809. — Portrait de l'empereur Napoléon Ier; dans un cadre à réverbère en or, à filet d'émail bleu.

278 — TRÈS-JOLIE MINIATURE ovale sur ivoire, par SAINT. — Portrait de l'impératrice Joséphine; dans un cadre à réverbère en or, à filet d'émail bleu.

279 — MINIATURE OVALE sur ivoire, par AUGUSTIN. — Portrait de jeune fille, d'après Greuze; montée en broche d'or.

280 — MINIATURE SUR VÉLIN du temps de Louis XIV. — L'Adoration des Rois Mages.

281 — DEUX TRÈS-BELLES MINIATURES gouachées sur vélin, par CHARLIER. — Le Triomphe d'Amphitrite et la Toilette de Vénus ; cadres en bois sculpté et doré, du temps de Louis XV.

Collection Hope.

282 — MINIATURE RONDE SUR IVOIRE. — Jeune femme nue à demi couchée sur un lit de repos ; cadre en bronze doré, surmonté d'une couronne de lauriers.

283 — MINIATURE OVALE sur ivoire, par SICARDI, 1776. — Groupe de deux figures : Pierrot tient sur un plat une saucisse, que Colombine semble convoiter.

284 — MINIATURE RONDE sur ivoire. — Portrait de femme en costume rouge du temps de Louis XV ; cadre en bronze doré.

285 — MINIATURE OVALE à l'huile sur ivoire. — La Fuite en Égypte ; couvercle de drageoir monté en argent doré.

286 — MINIATURE OVALE sur ivoire. — Portrait de femme en costume Louis XV.

287 — DEUX MINIATURES sur ivoire. — Portraits d'homme et de femme en costume Louis XV, montés dans un médaillon en or.

288 — MINIATURE OVALE sur ivoire. — Portrait d'homme en costume Louis XV, monté dans un médaillon en or avec parquet de cheveux et chiffre A. C. en perles.

289 — Esquisse sur ivoire, par Madame de Mirbel. — Deux jeunes filles, d'après Greuze.

290 — Miniature ronde sur ivoire. — Portrait de femme vue à mi-jambes, vêtue de blanc et coiffée de plumes; cadre en bois noir.

291 — Miniature ovale sur vélin, par Isabey, 1812. — Portrait d'homme.

292 — Miniature ovale sur ivoire, par Duchesne, 1822. — Portrait de la duchesse de Parme enfant; cadre en bronze doré, orné de fleurs de lis.

293 — Grande Miniature carrée sur ivoire, par Saint. — Portrait de femme vue à mi-corps, vêtue de blanc, les genoux couverts d'un cachemire. Sa coiffure blanche est garnie de roses.

294 — Miniature ovale sur ivoire, par Madame de Mirbel, née Lyzincka Rue (signée L. de M.) — Portrait de Madame la duchesse de Berry, vue de face et vêtue de blanc. La tête se détache sur une draperie rouge; cadre à moulures en ivoire garni de bronze de travail ancien.

295 — Deux Miniatures ovales, par Madame de Mirbel. — Portraits de Walter Scott et de Cooper; cadres en bois sculpté et doré.

ÉMAUX

296 — Beau Portrait du maréchal de Turenne, peint sur émail, par Petitot. Monture en or.

297 — Beau Portrait de Perrault, peint sur émail, par Petitot. Il porte la perruque à rallonges du temps de Louis XIV.

298 — Portrait de madame de Souvraye, peint sur émail et attribué à Petitot. Monté dans un cadre carré à réverbère en or gravé avec filet d'émail bleu.

299 — Portrait de mademoiselle de la Vallière, finement peint sur émail. Cadre à réverbère à angles coupés en or gravé et filet d'émail bleu.

300 — Beau Portrait de Paul Potter, peint sur émail, par Weyler. Dans un cadre de bois sculpté et doré.

301 — Portrait de Boucher, peint sur émail, par Le Barbier. Cadre Louis XVI en bronze ciselé et doré.

302 — Beau Portrait d'homme peint sur émail, par Weyler.

303 — Beau Portrait du czar Pierre Le Grand, par Soiron père. On lit au revers : *Le czar Pierre Le Grand d'après le portrait, peint d'après nature, à Paris, par Moore, en 1717, lors du voyage du czar en cette capitale, par Soiron père, à Paris,* 1809. Cadre carré en bronze doré. Collection Montebello.

304 — Jolie Peinture sur émail du temps de Louis XVI ; sujet champêtre.

305 — Peinture sur émail de forme ovale ; sujet tiré de l'histoire romaine. Dans un cadre en filigrane d'argent.

306 — Peinture sur émail du temps de Louis XIII. La Cène ; dans un cadre en argent orné de cailloux du Rhin.

SCULPTURES

307 — Buis. — Charmant petit médaillon à double face encadré de cuirs, de fruitages, de mascarons et de mufles de lion. Il offre d'un côté le sujet de la Crèche représenté sous les ruines d'un monument à colonnes corinthiennes, et de l'autre un monument exécuté en marqueterie de bois. Cette pièce porte des inscriptions en vieux français et en latin. Travail très-fin du xvie siècle.

308 — Bois. — Peigne du xve siècle à ornements gothiques repercés à jour et enrichi de parties en os sculpté de même travail. Il porte l'inscription : *Aies de moi souvenance.*

Collection Jaquinot-Godard.

309 — Bois. — Haut-relief de forme cintrée représentant l'Ascension de la Vierge, composition de dix-huit figures. Cette pièce, quoique d'époque postérieure, porte le monogramme d'Albert Durer ainsi que la date 1527. Cadre en marqueterie des trois parties.

310 — Ivoire. — Haut-relief. — La Leçon de flûte. Un satyre enseigne à une jeune nymphe à jouer de la flûte. Dans le fond on aperçoit des satyres et des nymphes. Travail italien du xviie siècle. Collections Debruge et Daugny.

311 — Ivoire. — Grande râpe à tabac sculptée en bas-relief. Elle représente la Chute d'Icare, des trophées d'armes et des ornements, et sur la boîte le sujet d'Actéon changé en cerf. Travail français du xviie siècle.

312 — Bois. — Autre grande râpe à tabac représentant, sculptés en bas-relief, des figures et des ornements. Travail français du temps de Louis XIV.

313 — Ivoire. — Cuiller dont le manche se termine par une cariatide de femme. L'attache du cuilleron est formée de deux têtes de dauphins.

314 — Bois. — Médaillon ovale sculpté en bas-relief. Buste de profil de François de Lorraine. Franc. D. G. R. Imp. Germier. Rex. Lo. B. M. Het. Dux. Signé I. H. Médard. Marc.

315 — Bois. — Médaillon rond sculpté en bas-relief. Buste de Blavrers. Travail moderne dans le style du XVIe siècle.

316 — Ivoire. — Deux frises à deux faces sculptées en bas-relief et repercées à jour. Elles sont décorées de figures et d'animaux chimériques. Travail indien. Cadres en bois noir.

317 — Ivoire. — Petit coffret carré en ivoire sculpté à figures et ornements rocaille repercés à jour. Le couvercle a ses angles ornés de plaques d'ivoire teint en vert. Travail allemand du temps de Louis XV.

318 — Marbre blanc. — Petit buste de l'empereur Napoléon Ier.

319 — Ivoire. — Statuette de Pâris debout représenté en costume Louis XIII, sur socle en bois noir.

320 — Ivoire. — Petit buste de Jean-Bart. Sur socle marbre.

321 — Ivoire. — Petit groupe de deux figures : Enlèvement par Mercure.

322 — Ivoire. — Petit buste du comte de Chambord.

323 — Ivoire. — Petit buste d'enfant sculpté par Norest et sur socle carré pris dans la masse.

324 — Ivoire. — Petit buste de Henri IV, roi de France.

325 — Bois. — Bas-relief composé de deux figures en costumes du moyen âge. Cadre en bois sculpté.

326 — Bois. — Cadre en bois sculpté à branchages et oiseaux découpés à jour.

LAQUES

327 — Petite Boîte à quatre lobes en laque usé du Japon, décorée de paysages en or sur fond noir. Elle renferme un plateau de même travail et repose sur une petite table à quatre pieds.

328 — Petite Boîte carrée à angles arrondis, à couvercle bombé et à compartiments, en laque du Japon à décor de paysages avec figures et oiseaux en or sur fond pailleté d'or. Le compartiment inférieur renferme trois petites boîtes rectangulaires en laque d'or. Belle qualité.

329 — Boite carrée à angles arrondis en laque aventuriné du Japon, décorée d'arbustes et d'armoiries en or.

330 — Boite rectangulaire à couvercle et plateau en laque aventuriné du Japon, décorée d'arbustes et de fleurs en or.

331 — Boite carrée en laque aventuriné du Japon, décorée d'éventails en or. Cordons en soie rouge.

332 — Théière en laque aventuriné du Japon, décorée d'arbustes en or.

Collection Montebello.

333 — Charmant petit Coffret en ancien laque du Japon, de forme oblongue, à couvercle à gorge, décoré de paysages et animaux en or sur fond noir, bordures à rinceaux en or et burgau; intérieur riche et portant les armoiries du prince d'Harima. Les encadrements des sujets rappellent le style de la renaissance italienne.

Cage en glace avec monture en bronze doré.

Collection Daigremont.

OBJETS VARIÉS

334 — GRANDE ET BELLE HORLOGE de forme circulaire, surmontée de trois colonnes supportant un entablement triangulaire à coupole en cuivre ciselé et doré, avec panneaux d'argent émaillé ornés de grotesques.

Cette horloge, de très-belle forme et très-riche d'ornementation et de ciselure, porte un cadran tournant vertical renfermé dans sa base ; au-dessus et dans l'aire du petit orifice à coupole est un cadran horizontal pour le règlement d'un réveil. Au-dessus de ce cadran est un petit groupe de bronze doré représentant un empereur d'Allemagne assis sur un lion. Trois animaux fantastiques ailés et à têtes humaines sont appliqués contre les ressauts du monument. Ouvrage de Nuremberg, au XVIe siècle.

Collection Soltykoff.

Haut., 41 cent.; diam., 31 cent.

335 — ÉMAIL DE LIMOGES. — Plaque oblongue, peinture coloriée, rehaussée d'or, sur fond bleu, par LÉONARD LIMOSIN.

Portrait de Henry d'Albret, roi de Navarre, décoré de l'ordre de Saint-Michel, vêtu de noir et coiffé d'une toque ornée d'une plume blanche.

On lit au bas : HENRY D'ALBRET. L. L., et la plaque

porte au revers les L de Léonard séparées par une fleur de lis.

Cité par M. de Laborde dans sa *Notice sur les émaux du Louvre*, page 183.

Collection Rattier.

Haut., 8 cent.; larg., 6 cent.

336 — Christ en ivoire finement sculpté, sur croix en cristal de roche, gravée à l'imitation du bois, montée sur socle en bronze doré, de forme ronde et à ressauts sur lesquels sont placées des figures de Saintes Femmes debout. Époque Louis XIII.

Haut., 42 cent.

337 — Beau Manuscrit in-8 sur vélin du xive siècle, renfermant cent quatre-vingt-six feuillets entourés de vignettes, douze grandes miniatures dont quelques-unes sont des portraits, et trente-deux médaillons. Reliure en velours bleu et fermoirs en argent. Il provient des cabinets Didier-Petit et Daugny, et il est placé dans un coffret simulant un livre avec reliure en maroquin rouge, doré au fer, portant les armes de France et garni de fermoirs en argent ciselé. Une médaille en argent de Henri IV a été rapportée sur le dessus de la boîte.

339 — Buste-applique du pape Grégoire XVI en argent finement ciselé, appliqué sur fond de jaspe rouge et monté dans un cadre de bronze ciselé et doré. Signé Camiletti.

340 — Buste-applique en bronze cisélé et doré du pape Pie V, appliqué sur fond de jaspe sanguin et monté dans un cadre en bronze finement ciselé et doré ; il est enrichi de festons de fleurs et surmonté de deux cornes d'abondance en argent ciselé encadrant une couronne de fleurs en bronze doré qui entoure une plaque de jaspe sanguin sur laquelle est appliqué le buste de Pie VI en bas-relief très-bien ciselé. Cette belle pièce est signée au revers : F. Righetti. F. Romæ. 1795.

Collection Jacquinot-Godard.

341 — Coffret Louis XV en ivoire, monté en cuivre ciselé et doré à figurines et ornements.

342 — Plat rond en cuivre jaune repoussé à godrons et ornements, portant des inscriptions gravées et offrant au centre un écusson armorié gravé sur argent. XVe siècle.

343 — Coffret rectangulaire en maroquin rouge, doré au fer à ornements, fleurs de lis et branches de fleurs.

344 — Armorial alphabétique *des principales maisons et familles du roïaume et particulièrement de celles de l'Ile de France. Dédié à Mgr le comte de St-Florentin, ministre et secrétaire d'Etat, par* P.-P. Dubuisson. Deux volumes petit in-8 *enrichis de près de quatre mille écussons gravés en taille-douce* et reliés en maroquin rouge, doré au fer avec écussons armoriés rapportés.

345 — Les Amours pastorales *de Daphnis et Chloé escrites en grec par Longus, et translatées en françois par Jacques Amyot* de Bouillon, de l'imprimerie de la Société typographique M DCC LXXVI. Reliure en maroquin rouge aux armes de France et portant l'inscription : Cabinet du roi, Versailles.

346 — Aumonière en velours rouge brodé en argent et portant au fond les armes de Louis XVI, Dauphin, et de Marie-Antoinette.

347 — Autre aumonière en velours rouge brodé en argent et portant un écusson armorié.

348 — Deux vases forme balustre, décorés d'application de nacre de perles et de médaillons de fleurs exécutés en cuivre doré et diverses matières, sur socles en bronze ciselé et doré. Ils sont ornés à leur partie supérieure de coraux et de grenats incrustés.

Haut., 19 cent.

349 — Vidrecome en verre émaillé, décoré de figures debout et portant des inscriptions allemandes et la date de 1734.

350 — Coupe ronde en verre peint à froid à sujet de personnages, bustes et trophées d'armes. Travail allemand du XVIe siècle.

351 — Deux petites corbeilles brûle-parfums en émail cloisonné de la Chine avec parties réservées en bronze doré.

352 — Flambeau formé d'un oiseau debout en émail cloisonné de la Chine sur tortue et plateau rond.

PORCELAINES DE SÈVRES

353 — Deux belles Jardinières forme éventail avec socles découpés à jour, en ancienne porcelaine de Sèvres, pâte tendre. Elles sont décorées de guirlandes de fleurs et de rosaces en couleurs et de bordures cailloutées d'or sur fond bleu.

Collection de feu M. Roussel.

Haut., 18 cent.

354 — Deux très-belles Plaques ovales en ancienne porcelaine de Sèvres, pâte tendre, décorées de corbeilles de fleurs, coupes de fruits, chien, chat et gibier.

Pièces remarquables par le soin apporté à leur décor et par la réussite de l'émail.

Larg., 31 cent.; haut., 29 cent.

355 — Deux seaux ou glacières en ancienne porcelaine de Sèvres, pâte tendre, fond bleu turquoise et larges mé-

daillons d'oiseaux encadrés d'or. Ils portent le chiffre du prince Louis de Rohan, et proviennent du célèbre service qui fut exécuté sous Louis XV pour ce prince.

Haut., 15 cent.

356 — Garniture de trois jolis petits Vases forme balustre, en ancienne porcelaine de Sèvres, pâte tendre, fond rose à œils de perdrix bleus et décor de fleurs. Le vase du milieu est garni d'un couvercle et monté en bronze doré, à anses et gorge rocaille. Époque Louis XV.

Haut., 16 cent. et 25 cent.

357 — Glacière en ancienne porcelaine de Sèvres, pâte tendre, fond gros bleu, à œils de perdrix roses et or et larges médaillons de fleurs. Époque Louis XV (lettre N, 1765).

Haut., 17 cent.

358 — Quatre Assiettes creuses de mêmes porcelaine et décor que la pièce qui précède.

359 — Joli Vase forme litron à couvercle en vieux Sèvres, pâte tendre, fond bleu turquoise et médaillons de roses encadrés d'or. Monture à anses, têtes chimériques et piédouche en bronze ciselé et doré au mat. Époque Louis XVI.

Haut., 35 cent.

360 — Deux belles Buires en vieux Sèvres, pâte tendre, fond gros bleu, à médaillons de roses encadrés d'or.

Monture à anse en bronze finement ciselé et doré au mat. Époque Louis XVI.

Collection Henri Didier.

Haut., 28 cent.

361 — BELLE TASSE forme droite, avec soucoupe, en ancienne porcelaine de Sèvres, pâte tendre, fond gros bleu, à rosaces d'or et médaillons, gardes-françaises. Époque Louis XV. (Lettre N, 1765.) Peintures par MORIN. Dans un étui en maroquin fleurdelisé.

Collection Berthon.

362 — AUTRE JOLIE TASSE avec soucoupe en ancienne porcelaine de Sèvres, pâte tendre, fond bleu de roi avec frise d'ornements d'or, et médaillons, figure d'enfant et animaux, d'après Boucher. Époque Louis XVI. (Lettre Y, année 1775). Dans un écrin en maroquin rouge doré au fer, et portant les armes de France.

363 — DEUX PETITS SEAUX à rafraîchir, en vieux Sèvres, pâte tendre, décorés de fleurs et de filets bleus.

364 — BROC et son plateau en vieux Sèvres, pâte tendre, fond gros bleu, décorés de médaillons de paysages encadrés d'ornements d'or. Belle qualité. Époque Louis XV.

365 — BELLE TASSE, forme droite, avec soucoupe, en vieux Sèvres, pâte tendre, fond gros bleu, richement rehaussé d'or, et décorée d'un médaillon : enfant dans le style de Boucher. Époque Louis XVI.

366 — Petite Tasse, forme droite, avec soucoupe, en vieux Sèvres, pâte tendre, fond à œils de perdrix bleus et rouges et médaillons Amour et trophée, d'après Boucher. Époque Louis XVI.

367 — Belle Tasse avec soucoupe, en vieux Sèvres, pâte tendre, fond gros bleu caillouté d'or, et médaillons d'Amours d'après Boucher. Époque Louis XV. (Lettre D, 1756.)

368 — Tasse de forme droite et évasée, avec soucoupe, en vieux Sèvres, pâte tendre, fond bleu de Vincennes, et médaillons d'oiseaux et encadrements d'or. Époque Louis XV.

369 — Plateau forme losange à angles arrondis et bords festonnés, en vieux Sèvres, pâte tendre, fond rose rehaussé de festons de fleurs et d'ornements d'or, et médaillons de fleurs et de fruits encadrés d'or. (Lettre D, 1756.)

370 — Deux très-beaux Poêlons à longs manches, en vieux Sèvres, pâte tendre, à feuillages de laurier en relief, émaillés vert et or, et hachures bleues encadrant des compartiments à fond blanc. Qualité exceptionnelle du temps de Louis XV.

371 — Deux très-belles Écuelles à deux anses, avec couvercles surmontés de poissons, coquilles et plantes aquatiques, et plateaux ovales à anses à feuilles rocaille,

en ancienne porcelaine de Sèvres, pâte tendre, décorées de festons et bouquets de fleurs. Époque Louis XV. Belle qualité.

372 — Belle Écuelle à deux anses, avec couvercle et plateau ovale, en ancienne porcelaine de Sèvres, pâte tendre, fond bleu turquoise à œils de perdrix rehaussé de festons de lauriers en couleurs et branches de chêne en or. Elle est enrichie de six médaillons ovales représentant les bustes de personnages peints en grisaille sur fond brun. Époque Louis XV. (Lettre G, 1759.)

373 — Écuelle à deux anses, avec couvercle et plateau, en vieux Sèvres, pâte tendre, décorée de festons de fleurs et bandes bleues pointillées. Époque Louis XV.

374 — Écuelle à deux anses avec couvercle et plateau, en vieux Sèvres, pâte tendre, décorée de quadrillages et œils de perdrix rehaussés d'or, et médaillons de paysages avec figures.

375 — Écuelle à deux anses avec couvercle et plateau ovale à lobes, en vieux Sèvres, pâte tendre, décorée de festons de fleurs reliés par des rubans bleus et roses. Époque Louis XV.

376 — Écuelle à deux anses avec couvercle et plateau rond, en vieux Sèvres, pâte tendre, décorée de fleurs. Époque Louis XV.

377 — Écuelle à deux anses, avec couvercle et plateau ovale à lobes, en vieux Sèvres, pâte tendre, fond bleu à œils de perdrix d'or, et médaillons de paysages avec figures et animaux. Époque Louis XVI. (Lettres H.H., 1784.)

378 — Écuelle à deux anses, avec couvercle et plateau, en Sèvres tendre, fond rose rehaussé d'or, et médaillons d'oiseaux. Le décor de cette pièce nous paraît moderne.

379 — Écuelle à deux anses, avec couvercle et plateau rond, en Sèvres tendre, fond vert rehaussé d'or et festons de fleurs.

380 — Petite Écuelle à deux anses, à couvercle et plateau ovale, en vieux Sèvres, pâte tendre, fond à œils de perdrix roses, festons de fleurs et coquilles sur fond blanc encadrés d'or. Époque Louis XV. (Lettre M, 1764.)

381 — Écuelle à deux anses, plateau rond et couvercle, en vieux Sèvres, pâte tendre, fond rose clair rehaussé d'or, et médaillons de fleurs encadrés de lauriers. Époque Louis XVI.

382 — Tasse trembleuse avec couvercle et soucoupe, en vieux Sèvres, pâte tendre, décorée de festons de fleurs entrelacées et bords rosés à raies bleues et rouges. Époque Louis XVI. (Lettres CC, 1779.)

383 — Petite Écuelle à deux anses, couvercle et plateau, en vieux Sèvres, pâte tendre, fond vert à œils de perdrix, et médaillons, corbeilles de fleurs suspendues à des nœuds de rubans bleus. Époque Louis XV.

384 — Écuelle à deux anses, avec couvercle et plateau ovale à contours, en vieux Sèvres, pâte tendre, décorée de jetés de roses et de myosotis. Époque Louis XVI. (Lettres HH, 1784.)

385 — Belle Écuelle à deux anses avec couvercle et plateau, en vieux Sèvres, pâte tendre, décorée d'ornements à coquilles et or, sur fond rose et bleu, avec palmes vertes. Époque Louis XV. (Lettre K, 1762.)

386 — Grande et belle Tasse à deux anses, avec couvercle et soucoupe, en vieux Sèvres, pâte tendre, à fleurs gaufrées en relief, et décor de fleurs peintes. Époque Louis XV. (Lettre M, 1764.)

387 — Jolie petite Tasse sans anse, avec soucoupe, en vieux Sèvres, pâte tendre, fond bleu turquoise à œils de perdrix, médaillons d'Amours et festons de fleurs. Époque Louis XV.

388 — Pot a eau avec cuvette en vieux Sèvres, pâte tendre, fond vert à œils de perdrix et ornements d'or, décoré de médaillons corbeilles et bouquets de fleurs. Époque Louis XVI.

389 — Pot a eau avec cuvette, en ancienne porcelaine de Sèvres, pâte tendre, fond bleu de roi et médaillons vases de fleurs. Le fond est rehaussé d'un riche décor d'or. Époque Louis XVI.

Collection Hope.

390 — Pot a eau avec cuvette en ancienne porcelaine de Sèvres, pâte tendre, fond bleu de roi, ornements d'or et frise de fleurs. Époque Louis XVI.

391 — Deux jolies Coupes rondes en ancienne porcelaine de Sèvres, pâte tendre, fond bleu turquoise, à médaillons de fleurs et rehauts d'or. Monture à trépied en bronze doré.

392 — Sucrier sans couvercle, en vieux Sèvres, pâte tendre, à bord émaillé vert pomme, rehaussé d'or et bouquets de fleurs. Époque Louis XV.

393 — Tasse de forme droite arrondie à sa partie inférieure, avec soucoupe, en vieux Sèvres, pâte tendre, fond gros bleu caillouté d'or et médaillons trophées de musique. Époque Louis XV. (Lettre J, 1761.)

394 — Écuelle à deux anses avec couvercle et plateau, en vieux Sèvres, pâte tendre, décorée de myosotis. Époque Louis XVI.

395 — Tasse forme droite avec soucoupe en vieux Sèvres, pâte tendre, décorée de couronnes et festons de fleurs et ornements d'or. Époque Louis XVI. (Lettre X, 1774.)

396 — Petite Tasse droite avec soucoupe en vieux Sèvres, pâte tendre, décorée de roses sur fond bleu à œils de perdrix et festons de feuillages. Époque Louis XV. (Lettre P, 1767.)

397 — Tasse droite avec soucoupe en vieux Sèvres, pâte tendre, à bandes d'ornements d'or sur fond bleu et couronnes de roses et de feuillages. Époque Louis XV. (Lettre Q, 1768.)

398 — Tasse de forme arrondie avec soucoupe en vieux Sèvres, pâte tendre, décor dit *feuille de choux*, et bouquets de fleurs. Époque Louis XV.

399 — Tasse de forme arrondie avec soucoupe en vieux Sèvres, pâte tendre, décorée de médaillons de fleurs et bandes bleues rehaussées de fleurettes en couleurs. Époque Louis XVI. (Lettres MM, 1788.)

400 — Tasse forme droite avec soucoupe en vieux Sèvres, pâte tendre, fond jaune clair, décorée de festons de perles et bandes d'ornements et médaillons camées sur fond blanc. Époque Louis XVI. (Lettres II, 1785.)

401 — Tasse droite avec soucoupe en vieux Sèvres, pâte tendre, décorée de compartiments, de bandes bleues, de festons de fleurs et de feuillages d'or. Époque Louis XVI. (Lettres CC, 1779.)

402 — Tasse forme droite avec soucoupe en vieux Sèvres pâte tendre, fond vert, décorée de palmiers et de festons de fleurs sur lesquels des oiseaux sont perchés. Époque Louis XVI. (Lettre Z, 1776.) Les peintures par Evans.

403 — Tasse de forme arrondie avec soucoupe en vieux Sèvres, pâte tendre, fond vert décoré de médaillons de paysages et bord à ornements bleu et or. Epoque Louis XV. (Lettre T, 1771.)

404 — Tasse droite avec soucoupe en vieux Sèvres pâte tendre, fond vert décoré de figures d'enfants en or et bandes roses rehaussées de festons de roses. Époque Louis XVI. (Lettres EE, 1781.)

405 — Tasse droite avec soucoupe en vieux Sèvres, pâte tendre, décorée d'ornements d'or, d'œils-de-perdrix sur fond bleu, de quadrillages roses et de festons de lauriers. Époque Louis XVI.

406 — Tasse droite avec soucoupe en vieux Sèvres, pâte tendre, décorée de bandes verticales ornées de fleurs roses et entre-deux à quadrilles d'or et fleurettes. Haut et bas, bandes décorées de filets bleus et mille raies d'or. Époque Louis XVI. (Lettres HH, 1784.)

407 — Grande Tasse droite avec soucoupe en vieux Sèvres, pâte tendre, décorée de bouquets de fleurs et de filets bleus. Époque Louis XVI. (Lettres II, 1785.)

408 — Tasse trembleuse à deux anses avec couvercle et soucoupe en vieux Sèvres, pâte tendre, décorée de fleurs et de filets bleus. Époque Louis XVI. (Lettres GG, 1783).

409 — Deux Tasses sans anses avec soucoupes en ancienne porcelaine de Sèvres pâte tendre, décorées de fleurs en camaïeu rouge. Époque Louis XV. (Lettre C. 1755.) Dans un étui du temps en maroquin rouge doré au fer.

410 — Grande et belle Tasse à deux anses avec couvercle et large soucoupe en ancienne porcelaine de Sèvres pâte tendre, décorée de médaillons, vases et corbeilles de fleurs, et enrichie de festons de fleurs et de dorure. Époque Louis XVI, décor par Désicourt; étui en maroquin rouge.

411 — Plateau carré, à bord composé de rinceaux et de fleurons repercés à jour, en vieux Sèvres, pâte tendre, décoré de roses encadrées de feuillages d'or. Il est monté sur quatre pieds en bronze doré.

412 — Petit Seau de forme ronde à lobes et à deux anses en vieux Sèvres pâte tendre, décoré de festons de fleurs sur fond blanc et de filets bleus. Pied à moulures et boules en bronze doré.

413 — Deux petites Coupes rondes en vieux Sèvres, pâte tendre, fond gros bleu caillouté d'or et médaillons, Amours et trophées en camaïeu rouge. Socles en bronze doré formés de dauphins.

414 — Tasse forme droite avec soucoupe en vieux Sèvres, pâte tendre, fond gros bleu caillouté d'or et médaillons de fleurs. Époque Louis XVI.

415 — Tasse de forme arrondie avec soucoupe en vieux Sèvres, pâte tendre, fond gros bleu, rehaussé d'ornements d'or et médaillons, fleurs et fruits sur tables de marbre. Époque Louis XV.

416 — Tasse trembleuse avec couvercle et soucoupe en vieux Sèvres, pâte tendre, décorée de rosaces d'or sur fond bleu et de branches de feuillages et de palmes d'or. Époque Louis XV. (Lettre H, 1760.)

417 — Tasse de forme arrondie avec soucoupe, en vieux Sèvres, pâte tendre, décorée d'entrelacs et de rinceaux réservés en blanc et or sur fond bleu et enrichie de guirlandes de fleurs. Époque Louis XV.

418 — Tasse droite avec soucoupe en vieux Sèvres, pâte tendre, décorée de bandes d'or et de roses avec entre-deux à mille raies guillochées bleu. Époque Louis XVI.

419 — Deux Tasses de forme arrondie, un sucrier et une petite cafetière en vieux Sèvres, pâte tendre, décorées de roses encadrées d'or. Époque Louis XV.

420 — Tasse forme droite avec soucoupe de mêmes porcelaine et décor.

421 — Belle Tasse trembleuse avec soucoupe, en vieux Sèvres, pâte tendre, décorée de compartiments bleus à quadrilles d'or et festons de fleurs reliés par des rubans bleus et violacés auxquels se rattachent également des palmes d'or. Époque Louis XV.

422 — Tasse de forme arrondie avec soucoupe en vieux Sèvres, pâte tendre, fond bleu de Vincennes et médaillons, oiseaux voltigeant encadrés de fleurs d'or. Époque Louis XV.

423 — Tasse et Soucoupe en porcelaine de Sèvres, pâte tendre, décorée de médaillons, corbeilles de fleurs et de fruits. Le fond bleu et les émaux ont été refaits.

Dans un étui en maroquin rouge doré au fer et portant le chiffre couronné et les armes de Louis XV.

424 — Socle de forme ovale en ancienne porcelaine de Sèvres pâte dure, fond gros bleu à trophées d'armes en relief et dorés. Monture en bronze doré portant les armes de France.

425 — Bougeoir formé d'une soucoupe en ancienne porcelaine de Sèvres, pâte tendre, à bandes roses, filets bleus et décor d'or. Monture en bronze doré à fleurettes de porcelaine. Époque Louis XV.

426 — Soucoupe en porcelaine tendre, fond bleu turquoise à décor d'or et monture en bronze doré.

427 — Tasse mignonnette et sa soucoupe en ancienne porcelaine de Sèvres, pâte tendre fond, bleu de roi, à feuillages d'or et festons de fleurs. Dans la soucoupe les fleurs forment une croix de Malte.

428 — Tasse avec soucoupe analogue à celle qui précède.

429 — Tasse de même forme et de même porcelaine, décorée de fleurons rouges et de festons de lauriers. Le bord supérieur bleu est rehaussé d'ornements d'or. (Lettre R, 1769.)

430 — Tasse forme droite avec soucoupe en ancienne porcelaine de Sèvres, pâte tendre, fond gros bleu rehaussé d'ornements d'or et médaillons, corbeilles de fleurs.

431 — Tasse et Soucoupe en ancienne porcelaine de Sèvres pâte tendre, fond vert à œils-de-perdrix et médaillons de paysages. (Lettre P, 1767.)

432 — Petite Tasse forme droite avec soucoupe en ancienne porcelaine de Sèvres, pâte tendre, fond gros bleu et double rang de points saillants en émail imitant les pierres précieuses sur fond blanc. Époque Louis XVI. (Lettre G. G., 1783.)

433 — Tasse forme droite avec soucoupe en ancienne porcelaine de Sèvres, pâte tendre, fond gros bleu à pois d'or et bandes de fleurettes et feuillages sur fond blanc au bord.

434 — TASSE MIGNONNETTE avec soucoupe en ancienne porcelaine de Sèvres, pâte tendre, décorée d'ornements et fleurons rehaussés d'or et d'un double rang de feuillages sur fond blanc.

435 — GRANDE TASSE avec soucoupe à lobes, en ancienne porcelaine de Sèvres, pâte tendre, à branches de fleurs en relief et oiseaux et fleurs en or. Époque Louis XV.

436 — BOL en ancienne porcelaine de Sèvres, pâte tendre, fond gros bleu et médaillons d'oiseaux encadrés d'or. Époque Louis XV.

437 — SUCRIER en ancienne porcelaine de Sèvres, pâte tendre, décoré de draperies bleues à franges d'or et bandes de roses.

438 — SOLITAIRE en vieux Sèvres tendre, décoré de myosotis. Il se compose d'un plateau rectangulaire, une théière, un sucrier et une tasse avec soucoupe. Époque Louis XVI.

439 — CONFITURIER à deux godets et plateau en Sèvres tendre, fond vert rehaussé d'or et médaillons de fleurs. Époque Louis XVI. (Lettre Y, 1775.)

440 — TASSE de forme arrondie avec soucoupe en vieux Sèvres pâte tendre, décorée de festons de fleurs et de palmes d'or. Époque Louis XV. (Lettre I, 1761.)

441 — Bourdaloue en vieux Sèvres, pâte tendre, décoré de rubans bleu foncé rehaussés d'ornements d'or et de festons de fleurs. Époque Louis XV. (Lettre P, 1767.)

442 — Plat a barbe en vieux Sèvres, pâte tendre, fond gros bleu caillouté d'or et médaillons de fleurs et jeté de fleurs au fond.

443 — Pot a crème, forme casque, en vieux Sèvres, pâte tendre, décoré de jetés de fleurs et filets bleus.

444 — Tasse trembleuse avec soucoupe, en vieux Sèvres, pâte tendre, décorée de fleurs et à filets bleus.

445 — Tasse forme droite avec soucoupe en vieux Sèvres, pâte tendre, décorée de myosotis, de pensées et de roses sur fond blanc, et rang de perles et olives roses sur fond vert. Époque Louis XVI. (Lettres E.E., 1781.)

446 — Tasse droite avec soucoupe en porcelaine de Sèvres, pâte tendre, fond bleu turquoise rehaussé d'or et médaillons, Amours et oiseaux en camaïeu rose. On lit sous la tasse : *Décoré par le Prince Alexis Kourakin. Paris*, 1845.

447 — Cabaret en vieux Sèvres, pâte tendre, décoré de fleurs sur fond blanc. Il se compose de douze tasses avec soucoupes et trois grandes pièces.

448 — Broc de mêmes porcelaine et décor. Époque Louis XV.

449 — Pot a crème en vieux Sèvres, pâte tendre, décoré d'ornements à fond rose Pompadour et encadrements d'or ombrés, et fleurs peintes. Époque Louis XV.

450 — Bol de mêmes porcelaine et décor. (Lettre I, 1761.)

451 — Petite Cafetière en vieux Sèvres, pâte tendre, décorée d'ornements roses et bleus et de festons de fleurs. Monture en argent doré. Époque Louis XV.

452 — Pot a crème en vieux Sèvres, pâte tendre, fond bleu caillouté d'or et médaillon d'oiseaux dans un paysage. Époque Louis XV.

453 — Sucrier avec couvercle en vieux Sèvres, pâte tendre, décoré de quadrilles sur fond blanc et d'œils de perdrix d'or sur fond bleu. Il est enrichi de festons de fleurs et d'ornements d'or. Époque Louis XV.

454 — Écuelle avec plateau et couvercle en vieux Sèvres, pâte dure, décorée de médaillons de paysages et ornements d'or. Époque Louis XVI.

455 — Pot a eau avec cuvette oblongue en vieux Sèvres, pâte dure décoré de corbeilles de fleurs suspendues à des nœuds de rubans.

456 — Tasse droite avec soucoupe en vieux Sèvres, pâte tendre, fond jaune, et bandes blanches, décorées de fleurs en or sur fond blanc et festons de fleurs en couleurs. Époque Louis XVI.

457 — Tasse forme droite avec soucoupe, en vieux Sèvres, pâte tendre, décorée de fleurs.

458 — Deux Compotiers ronds à bords festonnés en ancienne porcelaine de Sèvres, pâte tendre, fond gros bleu caillouté d'or et médaillons de fleurs et fruits sur fond blanc.

459 — Six Assiettes en vieux Sèvres, pâte tendre, décor dit *feuille de choux* et jeté de fleurs.

460 — Seize Assiettes en vieux Sèvres, pâte tendre, à bords gaufrés rehaussés de filets bleus et jetés de fleurs.

461 — Deux Sucriers ovales à couvercles avec plateaux, en vieux Sèvres, pâte tendre, décor dit *feuille de choux* et jetés de fleurs. Époque Louis XV.

462 — Deux Compotiers ovales à contours, de mêmes porcelaine et décor.

463 — Petit Seau à rafraîchir en vieux Sèvres, pâte tendre, décor feuille de choux et jetés de fleurs. Époque Louis XV. (Lettre M, 1764.)

464 — Deux beaux Saladiers de mêmes porcelaine et décor.

465 — Deux Saladiers analogues, mais plus petits.

466 — Soupière ronde à deux anses, avec couvercle surmonté d'un artichaut et plateau ovale à deux anses, en vieux Sèvres, pâte tendre, décor feuille de choux et fleurs. Époque Louis XV.

467 — Deux Compotiers ronds à bords festonnés et ornements gaufrés, en vieux Sèvres, pâte tendre, décorés de fleurs et bords à triangles alternés bleu et blanc. Époque Louis XV. (Lettre D, 1756.)

468 — Assiette creuse en vieux Sèvres, pâte tendre, fond bleu de Vincennes, à médaillons d'oiseaux et encadrements en or. Époque Louis XV.

469 — Quinze Assiettes plates en vieux Sèvres, pâte tendre, à bords gaufrés rehaussés de filets bleus et jetés de fleurs en couleurs. Époque Louis XV.

470 — Deux Assiettes en vieux Sèvres, pâte tendre, l'une à bord bleu turquoise et l'autre à bord vert, et fleurs peintes.

471 — Deux Assiettes à bords festonnés en ancienne porcelaine de Sèvres, pâte tendre, décorées de festons de fleurs et d'ornements en or sur fond bleu.

472 — Deux Assiettes en vieux Sèvres, pâte tendre, décorées de vases de fleurs et de festons au marli, et offrant au centre le chiffre de Me Dubarry. Époque Louis XV.

PORCELAINES DE SAXE

473 — Deux belles Figures en ancienne porcelaine de Saxe. Marchand et marchande de fruits tenant une corbeille sur leurs genoux. Socles en cuivre doré.

474 — Grand et bel Encrier en ancienne porcelaine de Saxe, décoré de fleurs et enrichi de trois figures de Chinois et d'un guerrier. Époque Louis XV.

475 — Figure de personnage assis sonnant du cor, en ancienne porcelaine de Frankenthal.

476 — Groupe de deux figures et animaux en ancienne porcelaine de Saxe : Berger et bergère, sur socle rocaille.

477 — Groupe de même porcelaine sur socle rocaille : Jeune femme assise et personnage en costume de chasse.

478 — Grand groupe de trois figures en porcelaine moderne de Saxe.

479 — Pot a eau avec cuvette en ancienne porcelaine de Saxe, décoré de fleurs peintes. L'anse du pot à eau est orné d'un buste de femme et sa monture est en vermeil.

480 — Petite Chope en ancienne porcelaine de Saxe, décorée de figures de style chinois. Le couvercle en vermeil est orné d'un écusson armorié peint sur émail.

481 — Petit Vase pot-pourri en vieux Saxe décoré de figures et monté sur un socle en bronze doré avec branchages ornés de fleurettes de porcelaine et coqs également en porcelaine. Époque Louis XV.

482 — Petit Flambeau à trois lumières en bronze doré, à branchages garnis de fleurettes de porcelaine et enrichi d'une statuette de jeune fille assise en vieux Saxe.

483 — Théière avec soucoupe en ancienne porcelaine de Saxe à décor de personnages de style chinois et ornements. Monture en argent.

484 — Tasse a couvercle et soucoupe en porcelaine de Saxe décorés de figures et bords bleus rehaussés d'imbrications d'or.

485 — Grande et belle Tasse à deux anses à couvercle et soucoupe, en ancienne porcelaine de Saxe décorée de fleurs sur fond rouge violacé.

486 — SUCRIER en ancienne porcelaine de Saxe décoré de fleurs et à anses formées de têtes de béliers et de couronnes de lauriers en relief et dorées.

487 — QUATRE TASSES AVEC SOUCOUPES et un sucrier ovale en ancienne porcelaine de Saxe fond lie de vin et médaillons marines. Une des tasses a été refaite en porcelaine de Sèvres sous Louis XVI.

488 — PETIT VASE pot-pourri de forme sphérique à côtes et à couvercle en vieux Saxe décoré de fleurs de style chinois et monté sur piédouche et à anses en bronze doré.

489 — DEUX PETITS FLACONS carrés en vieux Saxe fond bleu clair et médaillons de style chinois.

490 — SIX TASSES à deux anses avec soucoupes en ancienne porcelaine de Saxe, décorées d'oiseaux et de fleurs en or. Dans un étui ovale en cuir doré au fer et garni en cuivre doré.

491 — BELLE ÉCUELLE à quatre lobes avec couvercle en ancienne porcelaine de Saxe gaufrée à vannerie et médaillons sujets militaires en camaïeu carmin.

492 — ÉCUELLE de même forme et deux plateaux de même porcelaine, décorés de médaillons de paysages avec figures peints en couleurs.

493 — Écuelle avec couvercle et plateau en porcelaine de Saxe gaufrée à ornements et médaillons jeux d'enfants peints en couleurs.

494 — Sucrier à couvercle et une soucoupe en ancienne porcelaine de Saxe décoré de fleurs et de papillons.

495 — Saucière en vieux Saxe gaufrée à vannerie et décorée de médaillons de personnages.

496 — Deux Compotiers carrés à contours en vieux Saxe, décorés de médaillons d'oiseaux.

497 — Pot a crème avec plateau en porcelaine de Saxe, décoré de médaillons de paysages encadrés de rubans bleus et d'or.

PORCELAINES DIVERSES

498 — Deux petits Seaux en ancienne porcelaine de Chantilly, décorés de paysages et de figures de style chinois rehaussés d'or et à anses formées de mascarons en relief.

Monture moderne en bronze doré de style rocaille.

499 — Deux petits Seaux pareils à ceux qui précèdent.

500 — Deux autres Seaux de même modèle, mais sans monture.

501 — Deux petits Vases ovoïdes à couvercle et à anses anneaux en relief, en porcelaine d'Allemagne fond bleu caillouté d'or et médaillons Amours en camaïeu brun rougeâtre. Pieds et gorges en bronze doré.

FAIENCES

502 — Belle Jardinière forme éventail avec socle découpé à jour en ancienne faïence de Marseille, décorée de paysages et bandes d'entre-deux à rosaces sur fond carmin.

503 — Deux grandes Jardinières de forme évasée et sur piédouche en ancienne faïence de Marseille, décorées de fleurs et hachures et ornements rocaille rehaussés de carmin.

504 — Belle Assiette en ancienne faïence de Delft, décor polychrome à armoiries et ornements et rehaussé d'or.

PORCELAINES

DE CHINE ET DU JAPON

505 — Deux très-belles Cassolettes rondes à couvercle en ancienne porcelaine de Chine, à écailles en relief, émaillées roses et enrichies de branchages et d'écureuils en relief émaillés en couleurs. Riche monture rocaille à deux anses, socle et gorge à jour en bronze doré. Les boutons des couvercles, également en bronze doré, sont formés de branchages, de coquilles et de plantes aquatiques.

Pièces remarquables du temps de Louis XV.

Collection de feu M. Poinsot.

Haut., 32 cent.; larg. totale, 36 cent.

506 — Deux jolis petits Candélabres formés de vases balustres en ancienne porcelaine de Chine fond bleu uni, montés en bronze doré, à deux branches ornées de têtes de femmes, et surmontés de lyres et de branches de laurier. Époque Louis XVI.

507 — Vase forme bouteille à long col, en ancienne porcelaine de Chine fond bleu et décor d'or à ornements et corbeilles de fleurs. Monture à anses de style chinois en bronze ciselé et doré.

508 — VASE forme balustre en porcelaine de Chine émaillé bleu uni et décoré de dragons et ornements d'or.

509 — JOLI VASE forme bouteille, en céladon bleu turquoise truité.

510 — VASE analogue à celui qui précède, un peu plus grand et un peu plus foncé.

511 — DEUX PETITS CORNETS à anneaux renflés en porcelaine de Long-Theiouem truitée, couleur feuille de camélia. Ils ont reçu une monture moderne en argent doré de style Louis XV.

Ces vases sont décrits dans l'*Histoire de la porcelaine* de M. A. Jacquemart, page 127.

Collections Monticourt et Daigremont.

512 — BELLE ASSIETTE en ancienne porcelaine mince de la Chine, décor dit *aux sept bordures* et sujet familier. Très-belle épreuve. Le revers est émaillé carmin.

513 — AUTRE BELLE ASSIETTE de même porcelaine et de même décor.

514 — PETIT VASE de forme ovoïde à couvercle plat en céladon bleu empois, monté en bronze doré.

515 — DEUX PLATS CREUX en vieux chine décorés d'animaux et de fleurs.

516 — Deux petits Vases de forme ovoïde en ancienne porcelaine de Chine, fond jaune nankin et décorés de fleurs et d'oiseaux en émaux de la famille verte. Bouchons à papillons en bronze doré.

517 — Deux jolies petites Coupes en ancien céladon vert d'eau de la Chine, à ornements gaufrés sous émail. Monture rocaille et chimères en bronze doré du temps de la Régence.
Collection Lablache.

518 — Deux Assiettes en ancienne porcelaine de la Chine décorées de figures émaillées en couleurs. Monture en bronze.

519 — Deux petits Plats ronds en ancienne porcelaine de Chine, décorés de figures et d'ornements en bleu, rouge de fer et or.

520 — Grand Plat rond en ancienne porcelaine du Japon à décor de fleurs et oiseaux en bleu, rouge et or. Monture de style rocaille en bronze.

521 — Petit Vase forme balustre en ancienne porcelaine craquelée gris de la Chine et bandes d'ornements émaillés brun gravés.

522 — Deux Vases forme balustre en porcelaine de Chine fond bleu empois, décorés de fleurs et paysages. Socles en bronze doré.

523 — Bol en porcelaine craquelée vert de la Chine.

524 — Belle Assiette en ancienne porcelaine mince de la Chine, décor dit *aux coqs* sur fond d'émail bleu clair et marli couvert d'ornements et de fleurs.

525 — Tasse et soucoupe en porcelaine de Chine, décorée de fleurs et d'oiseaux émaillés en couleur.

526 — Deux Plats longs à angles coupés, en ancienne porcelaine de Chine, décorés de vases de fleurs et d'ornements émaillés en couleurs.

527 — Compotier en vieux Chine décoré du buste en grisaille de Deurhoff, philosophe hollandais, et offrant à l'entour des médaillons, des oiseaux et des ornements émaillés en couleurs.

BRONZES

528 — Cage en bronze doré formant horloge, destinée à être suspendue, le cadran placé au fond de la pièce. Elle est enrichie de figurines en biscuit et de peintures sur émail, et elle renferme deux oiseaux automates chantant. Époque Louis XVI.

529 — Pendule Louis XVI en bronze finement ciselé, ornée d'un mascaron, de festons de lauriers, et surmontée d'une lyre et de livres.

530 — Figurine de génie nu debout en bronze. Il tient une flèche de la main droite et un arc de la main gauche. Époque Louis XVI.

531 — Statuette d'après Clodion : jeune fille portant un nid d'oiseaux dans sa chemise relevée.

532 — Deux jolis Socles bas en bronze doré, ornés de trophées d'armes et de couronnes. Époque Louis XV.

533 — Deux Bras de cheminée Louis XVI à trois lumières, en bronze.

534 — Deux petits Bustes en bronze : Voltaire et Rousseau, sur socles en marbre vert de mer.

535 — Buste de J.-J. Rousseau en bronze grandeur nature, sur piédouche en marbre blanc.

536 — Modèle de lion couché en bronze. Sur socle en bois sculpté.

537 — Groupe en bronze par Barye. — Panthère attaquant un cerf. — Socle en bois sculpté.

538 — Brule-parfums de forme surbaissée, en bronze rougeâtre avec parties chatoyantes. Socle et couvercle en bois. Travail chinois.

539 — Groupe de deux figures en bronze sur socle en bronze doré : l'Aveugle trompé.

540 — Figure d'enfant : Pâtre assis, en bronze.

MEUBLES

541 — Bureau à X, du temps de Louis XIV, en marqueterie de cuivre et écaille, garni de bronzes dorés.

542 — Console en bois sculpté et doré à branches de palmier, fleurs et ornements. Dessus de velours grenat.

543 — Jolie Glace à biseaux avec cadre en bois sculpté et doré à ornements, fleurs, oiseaux, etc. xviiie siècle.

544 — Beau Régulateur de Ferdinand Berthoud, à cage en bois d'acajou, garnie d'ornements en bronze doré. Époque Louis XVI.

Haut., 2 mèt. 25 cent.

545 — Coffret en marqueterie de cuivre et écaille rouge. Époque Louis XIV.

546 — Coffret analogue à celui qui précède, en écaille noire. Même époque.

547 — Très-joli petit Cadre en bois sculpté et doré, portant les lettres L et S dans les angles. Époque Louis XIV.

548 — AUTRE CADRE en bois sculpté et doré à ornements et fleurs. Epoque Louis XV.

549 — SOCLE RECTANGULAIRE en bois sculpté et doré. Travail très-fin du temps de Louis XVI.

Long., 38 cent.; larg., 21 cent.

550 — TABLE CARRÉE de style italien, en bois noir incrusté de filets et de rosaces en ivoire, reposant sur deux pieds à jour avec potences en fer. Cette table supporte une montre plate en cuivre oxydé blanc, garnie en glaces et avec intérieur en velours rouge.

Long., 1 mèt. 25 cent.; larg., 85 cent.

551 — TABLE-MONTRE pareille à celle qui précède.

552 — VITRINE-APPLIQUE de forme ovale, en bois sculpté et doré.

553 — DEUX MEUBLES en bois de palissandre à deux corps, le bas à portes pleines et tiroirs, le haut à trois portes vitrées.

Larg., 2 mèt. 20 cent.; haut., 1 mèt. 63 cent.

554 — TRÈS-GRAND MEUBLE à quatre portes vitrées et à fond de glace, en bois peint à l'imitation de bois de palissandre.

Haut., 2 mèt. 92 cent.; larg., 3 mèt. 12 cent.

555-559 — Cinq vitrines plates en bois de palissandre et autre, dont quatre sur tables-supports. Elles seront vendues séparément.

TAPISSERIES

560 — Belle Tapisserie des Gobelins du temps de Louis XIV, offrant à son centre les armes de France et de Navarre soutenues par des cariatides de renommées ailées et surmontées de la couronne royale portée par des génies ailés. Riche décor de fleurs, trophées d'armes, rinceaux et feuillages formant encadrement.

Haut., 2 mèt., 85 cent.; larg., 2 mèt. 15 cent.

561 — Deux belles portières en tapisserie de Beauvais, décorées de faisans dans des paysages, et riches bordures formées de palmiers, de draperies, de festons de fleurs et de trophées champêtres.

Haut., 2 mèt. 90 cent.; larg.. 1 mèt. 60 cent.

562 — Beau Médaillon ovale en ancienne tapisserie de la Savonnerie. Portrait du roi Louis XV portant l'armure et le manteau royal. Cadre riche en bois sculpté et doré, à tore de chêne et de laurier.

Haut., 80 cent.; larg., 70 cent.

563 — Beau Tableau carré en tapisserie de la Savonnerie. Portrait de Marie-Thérèse, reine de Hongrie, exécuté par Duvivier père, directeur de la manufacture des Gobelins en 1787.

Haut., 93 cent.; larg., 78 cent.

564 — Belle Feuille d'Ecran en tapisserie de la Savonnerie, représentant le sujet de la fable du Renard et de la Cigogne, avec encadrement d'ornements et de fleurs. Par Duvivier, directeur de la manufacture des Gobelins.

Haut., 78 cent.; larg., 75 cent.

TABLEAUX

565 — Mignard. — Portrait de Mme de Grignan. Ovale. Dans un cadre en bois sculpté et doré de l'époque.

566 — Ecole française du xviiie siècle. — Figure de femme nue couchée.

567 — Stella. — Paysage avec figures.

568 — Francisque Millé. — Sainte Famille dans un paysage.

569 — Portrait d'homme en costume du temps de Henri IV.

DESSINS ET AQUARELLES

570 — Alfred de Dreux. — Course de chevaux. Aquarelle.

571 — Edouard Frère. — La Déclaration. Dessin rehaussé.

572 — Camille Roqueplan. — La Marchande de fruits; figures en costumes Louis XIII. Dessin.

www.ingramcontent.com/pod-product-compliance
Ingram Content Group UK Ltd.
Pitfield, Milton Keynes, MK11 3LW, UK
UKHW031926260826
14628UKWH00003B/1435

9 782329 532189